Précis de métallurgie extractive des minerais d'or conventionnels et réfractaires

5-7, rue de l'École polytechnique, 75005 Paris

www.harmattan.fr

ISBN : 978-2-343-21578-5
EAN : 9782343215785

Sanbyemba OUÉDRAOGO

Précis de métallurgie extractive des minerais d'or conventionnels et réfractaires

L'Harmattan
Burkina Faso

AVANT-PROPOS

La métallurgie extractive est l'art d'extraire les métaux de leurs minerais et de les purifier.

Ce document est un outil précieux pour ceux qui font leurs ''premiers pas'' dans cette science, il se focalise sur l'extraction de l'or. Il décrit de façon compréhensible les différents types de minerais et matériaux aurifères ainsi que les étapes impliquées dans le traitement des minerais d'or conventionnels, complexes et réfractaires depuis la fosse ou gîte naturel jusqu'à l'obtention du lingot d'or.

Un chapitre entier est dédié à la réconciliation métallurgique, processus par lequel les métallurgistes font l'inventaire de la quantité d'or contenue dans le minerai alimentant l'usine contre celle effectivement récupérée ou produite. Le processus permet de communiquer des informations concernant les performances de l'usine de traitement et les stocks de minéraux en cours de traitement. Ces informations sont nécessaires pour des décisions métallurgiques efficaces afin d'optimiser la production.

Le document offre également un aperçu général sur les types de déchets miniers et leurs modes de gestion ou destruction.

L'accent est mis sur les techniques de traitement les plus récentes, les plus rependues et les plus économiques dans l'industrie minière. Les dernières avancées dans la métallurgie extractive de l'or, publiées par des auteurs connus dans ce domaine, ont été prises en compte dans l'élaboration des procédés. Les principes scientifiques – chimiques essentiellement – qui expliquent les phénomènes sont abordés dans un langage accessible au grand public.

Le livre est constitué de quatorze chapitres permettant de cerner toutes les facettes de la métallurgie extractive. Il s'adresse aux professionnels du secteur minier (métallurgistes et opérateurs d'usines), aux étudiants en sciences et technologies, au personnel enseignant dans les Facultés de Métallurgie et à tous ceux qui désirent embrasser une carrière professionnelle dans le secteur des mines ou curieux de comprendre de manière générale la chronologie de l'extraction des métaux.

Ce livre est le résultat de ma formation en Chimie Pure à l'Unité de Formation et de Recherche en Sciences Exactes et Appliquées de l'Université Pr Joseph Ki ZERBO (Burkina Faso) et à l'Institut International de l'Ingénierie de l'Eau et de l'Environnement, des visites d'usines de production industrielles, d'un travail de recherche et de collaborations multiples en tant que professionnel en contact direct avec de nombreuses sociétés exploitant l'or.

Je dédie ce travail à ma famille toute entière et plus particulièrement à ma mère, à mon épouse et à nos enfants, qui sont la source de mon énergie et de ma motivation.

Sanbyemba OUEDRAOGO
Dakar, le 04 Août 2020

CHAPITRE 1

CONCEPTS ET DEFINITIONS

Les formes sous lesquelles les métaux existent dans la croûte terrestre tout comme dans les fonds marins dépendent de leur réactivité avec leur environnement, en particulier avec l'oxygène, le soufre et le dioxyde de carbone. L'or (Au) et les métaux du groupe du platine (platine, palladium, nickel) se retrouvent principalement sous forme native ou métallique. L'argent, le cuivre et le mercure s'y trouvent sous forme native aussi bien que sous forme de sulfures, de carbonates et de chlorures.

L'importance de ces métaux dans la vie de l'homme n'est plus à démontrer : l'or par exemple est utilisé dans la bijouterie, la décoration, l'électronique, comme réserve de change dans les banques etc., ce qui explique l'intérêt suscité pour son extraction à partir des réserves naturels.

Les minerais ont rarement une pureté suffisante pour pouvoir être transformés directement en produits finis. Il est donc nécessaire de modifier l'état du minerai extrait. Le passage du minerai au métal peut se décomposer en deux grandes étapes : **le traitement de minerai ou minéralurgie** ***(Mineral Processing***[1] ou ***Mineral Beneficiation)*** : c'est le passage du minerai au concentré métallique, il regroupe un ensemble de techniques de traitement physiques et physico-chimiques ayant pour objet d'obtenir des produits ayant une valeur commerciale et transformables par la métallurgie ;

La métallurgie ***(Metallurgy)*** regroupe quant à elle l'ensemble des procédés et techniques d'extraction, d'élaboration, de mise en

[1] L'écriture *Italique* est utilisée dans tout le document pour les termes en anglais. Ces termes sont couramment employés dans le jargon de la Métallurgie extractive.

forme et de traitement des métaux et de leurs alliages à partir du minerai concentré.

La terminologie **métallurgie extractive** ***(Extractive Metallurgy)*** regroupe les deux étapes à savoir la minéralurgie et la métallurgie. La frontière entre la minéralurgie et la métallurgie est parfois moins marquée.

Pour le cas de l'or, le traitement peut être résumé par le schéma de la figure 1 ci-dessous:

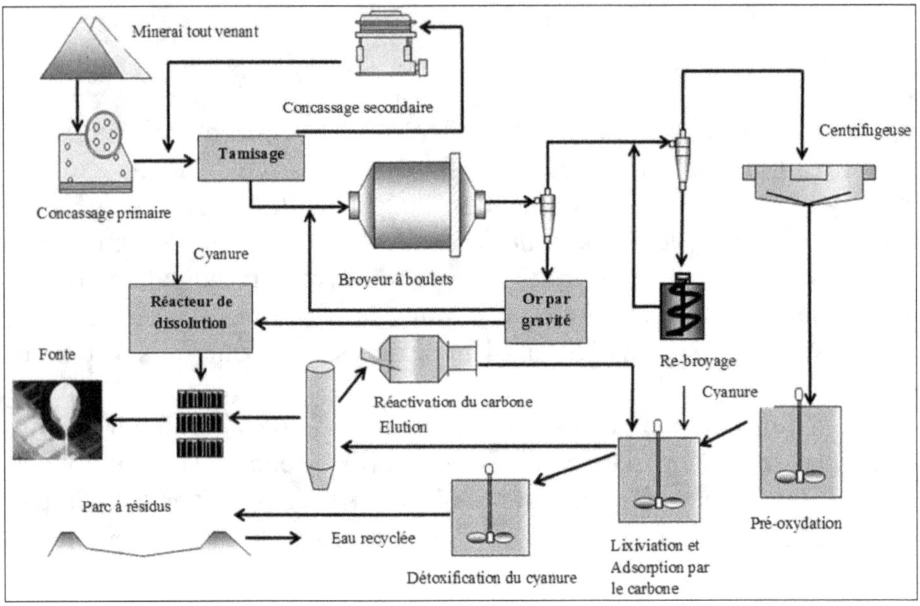

Figure 1. Diagramme illustratif du circuit d'extraction de l'or [https://avesoro.com/wp-content/uploads/2013/01/Process-Flow-Sheet.png, 24/06/2020].

Il existe plusieurs notions principales et usuelles dans le domaine de l'exploitation de minière qui ne correspondent pas toujours aux définitions admises dans d'autres secteurs scientifiques ou économiques. Les termes utilisés dans ce livre peuvent être définis comme suit :

Une mine d'or est un site d'extraction d'or ou de minerai à partir duquel de l'or peut être extrait. Elle est composée des ouvrages et des installations souterraines et externes. La notion de mine est relative et est liée à la valeur économique de celle-ci. Une mine peut donc perdre cette appellation dans le temps, tout comme un gisement initialement sans valeur économique peut devenir une mine en fonction de l'évolution de la technologie et des cours de l'or.

Un minéral est un corps inorganique pur qui existe en état naturel à l'intérieur de la terre ou à sa surface ; par exemple (ex.) les ions sodium (Na^{+}), calcium (Ca^{+}), silicium (Si^{4+}), oxygène (O^{2-}) et les ions hydroxyde (OH^{-}).

Une matière minérale est un ensemble de minéraux, mêlés les uns aux autres, tel qu'il se présente sur et/ou dans l'écorce terrestre. Par extension de sens, le pétrole et le gaz naturel sont également considérés comme des matières minérales. La matière minérale n'a pas une structure constante contrairement à la roche.

Une roche est une association naturelle de minéraux d'une composition et d'une structure relativement constante.

Un minerai *(Ore)* : c'est de la matière minérale qui peut être valorisée grâce à la présence d'un ou de plusieurs minéraux particuliers, appelés utiles, dans ses éléments constitutifs. Ou plus simplement « ensemble rocheux contenant des substances utiles en pourcentage suffisant pour justifier une exploitation ». C'est donc un concept économique qui définit un minerai. La matière minérale ne devient minerai que si la valeur marchande des minéraux utiles qu'elle renferme dépasse le coût nécessaire à leur extraction.

Un minerai tout-venant (*Run Of Mine*) : c'est le minerai extrait de la mine et qui est constitué par le minerai de gisement mélangé avec des roches avoisinantes.

Un stérile (*Waste*) : c'est une substance minérale naturelle qui ne présente pas d'intérêt économique à l'endroit et à l'espace considéré.

Un minerai métallique : minerai dont on peut extraire économiquement un ou plusieurs métaux.

Un gisement : c'est une zone minéralisée, importante pour envisager l'exploitation. C'est l'accumulation naturelle d'un minéral dans l'écorce terrestre.

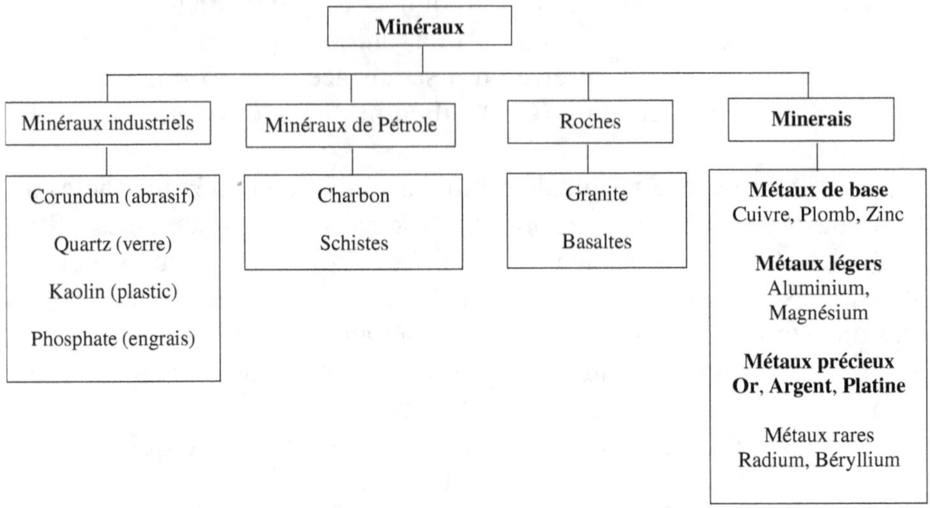

Figure 2. Diagramme illustratif des minéraux, roches et minerais.

CHAPITRE 2

LES DIFFERENTS TYPES DE MINERAIS D'OR

1. MINERALOGIE DES MINRAIS D'OR

Parce que l'or est inerte aux températures et pressions ambiantes, il y'a très peu de composés naturels du métal. La concentration moyenne en or dans la croûte terrestre est de 0,005 g/t, ce qui est beaucoup plus faible que la plupart des autres métaux, comme l'argent (0,07 g/t) et le cuivre (50 g/t) (Marsden et House, 2006).

La solubilité de l'or est fortement influencée par les réactions d'oxydoréduction (milieu oxydant ou réducteur). En termes géochimiques, l'or sera lessivé/dissout (passage du métal à l'ion ou au complexe soluble) et transporté par les fluides hydrothermaux oxydants (ex. : les chlorures), et il sera précipité/solidifié (passage de l'ion ou complexe soluble en métal) lorsque le fluide pénètre dans un environnement réducteur (ex. : zones de fortes concentration en carbone, carbonates).

L'argent et le cuivre sont les éléments les plus fréquemment associés minéralogiquement à l'or. L'arsenic, l'antimoine, le bismuth, le fer, le plomb et le zinc sont couramment trouvés dans les minerais d'or.

Le procédé d'extraction de l'or, en particulier la nature et quantité de réactifs à utiliser, est fonction des caractéristiques du minerai et des minéraux contenus dans ce dernier. Par conséquent, une bonne compréhension de la minéralogie du minerai est nécessaire pour concevoir ou exploiter un procédé d'extraction avec un meilleur rendement.

La minéralogie de chaque gisement d'or est unique en raison des variations suivantes :

- La cristallographie des atomes d'or dans le minerai ;
- La taille des grains d'or ;
- La minéralogie de la gangue ou hôte ;
- La distribution granulométrique des grains de minéraux hôtes et gangues ;
- Les associations minérales ;
- Les altérations minérales ; et
- Les variations de ce qui précède au sein d'un même gisement ou avec le temps.

Il existe plusieurs types de classifications des minerais d'or proposées dans la littérature (Henley, 1975 ; Boyle, 1979 ; McQuistons et Shoemaker, 1975). Ce chapitre se concentre sur les aspects de la minéralogie des minerais qui sont pertinents pour la métallurgie, plutôt que de décrire la géologie des minerais et leurs formations.

McQuiston et Shoemaker (1975) ont proposé la classification suivante orientée sur l'extraction des minerais d'or :

- **Les minerais d'or natifs**, dans lesquels le métal précieux peut être extrait par gravité (la méthode la plus utilisée dans l'histoire de l'extraction de l'or), par amalgamation (par le mercure) ou par cyanuration. Les grains d'or natifs peuvent contenir jusqu'à 99,8% d'or, mais la plupart varient entre 85% et 95% de teneur en or, avec l'argent comme principale impureté ;
- **L'électrum** : l'or est généralement allié à l'argent, cependant lorsque la teneur en argent est entre 25% et 55%, le minerai est appelé électrum. L'électrum a une couleur jaune pâle, en raison de la teneur en argent, et une densité plus élevée que celle de l'or pur ;
- **L'or associé aux sulfures** : l'or peut exister sous forme d'inclusions de solution solide ultrafine ou invisible dans un minerai sulfuré. Quelques exemples de minerais sulfurés sont : la pyrite (FeS_2), la pyrrhotite ($Fe_{(1-x)}S$), la galène (PbS), l'arsénopyrite ($FeAsS$) ;

- **Les tellurures d'or** qui se trouvent généralement avec l'or natif et des sulfures. La chimie des tellurures d'or est relativement complexe avec une série de minéraux identifiables. Les tellurures d'or les plus courant sont la sylvanite ($(Au,Ag)_2Te_4$), la calavérite ($AuTe_2$), et la petzite (Ag_3AuTe_2). La krennerite ($AuTe_2$), la montbrayite (Au_2Te_3) et la kostovite ($CuAuTe_4$) sont plutôt rares ;
- **L'or associé à d'autres minéraux**, tels que l'arsenic et/ou l'antimoine (ex. : l'aurostibnite, $AuSb_2$), le cuivre, le plomb, le zinc et des matériaux carbonés. L'or peut s'allier au bismuth (ex. : maldonite (Au_2Bi). L'or et le cuivre forment des composés intermétalliques extrêmement rares, l'auricupride ($AuCu_3$) et le tétra-auricupride (AuCu).

2. LES DIFFERENTS TYPES MATERIAUX AURIFERES

Les matériaux aurifères primaires peuvent être classés en dix catégories basées sur leurs caractéristiques minéralogiques et historiques (Marsden and House, 2006) :

- Les placers ;
- Les minerais *free milling* ;
- Les minerais oxydés ;
- Les minerais riches en argent ;
- Les sulfures de fer ;
- Les sulfures d'arsenic ;
- Les sulfures de cuivre ;
- Les sulfures d'antimoine ;
- Les tellurides ; et
- Les minerais carbonés.

Chacune de ces classes de matériaux aurifères possède des caractéristiques minéralogiques particulières, qui affectent leur traitement.

2.1 Les placers

Les placers (illustration à la figure 3) sont des dépôts contenant une concentration relativement élevée en d'or qui ont été détachés d'une source mère (veines de quartz, minerais d'or sulfurés, ou anciens placers) sous l'action des eaux de ruissellement, du vent et des autres intempéries naturelles.

La minéralisation aurifère dans les placers diffère de toutes les autres classes de minerais car le minerai est sous forme de particules ou de particules faiblement consolidées et l'or a été suffisamment libéré par un processus naturel. De ce fait le broyage est peu recommandé dans le traitement de ces minerais. Les placers peuvent se situer à proximité de la source mère, particulièrement les placers éluviaux, ou à une certaine distance ne permettant pas d'identifier son origine (placers colluviaux qui peuvent se localiser sur la pente entourant l'affleurement de la roche mère). Les placers proluviaux et alluviaux sont situées respectivement au pied de la montagne hôte et dans les cours d'eau.

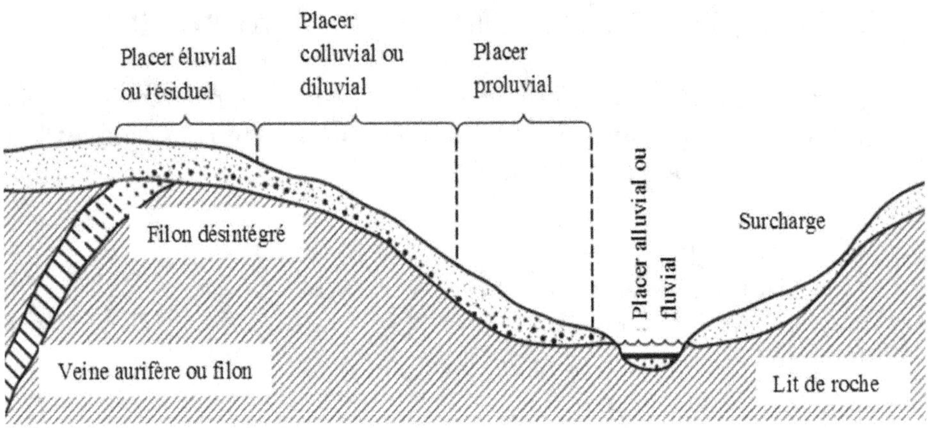

Figure 3. Illustration des placers (Marsden et House, 2006).

2.2 Les minerais *free milling*

Les minerais *free milling* sont définis comme ceux à partir desquels la cyanuration conventionnelle peut extraire jusqu'à 95% de l'or lorsque le minerai est broyé à une taille de 80% passant à travers 75 μm, sans nécessité une consommation élevée de réactifs. Le plus souvent, une partie de l'or est récupérée par concentration gravimétrique et/ou amalgamation, et la composition minéralogique de la gangue n'affecte pas de façon significative le processus de traitement.

Les deux principales types de minerais *free milling* sont les paléoplacers et les veines de quartz. Les deux contiennent une minéralisation aurifère dans une matrice de roche dure.

2.3 Les minerais oxydés

Dans un minerai oxydé, le minerai a été oxydé ou altéré, peut-être à partir de sulfures primaires. Il peut nécessiter un traitement spécial.

L'oxydation et les autres processus d'altération hydrothermale entraînent la dégradation de la structure rocheuse, résultant en une perméabilité accrue. Cela permet souvent d'obtenir un rendement d'extraction élevé par la lixiviation en tas (*Heap Leaching*) du minerai-tout-venant.

L'un des inconvénients de l'oxydation de la roche est la formation de quantités élevées de phases oxydes et hydroxydes au sein de la gangue. Certaines de ces phases sont fortement solubles dans le cyanure et peuvent agir comme des cyanicides puissants (consommateurs de cyanure) au cours de la lixiviation.

L'or s'y trouve généralement sous forme libre ou associé aux produits d'altération de la pyrite et à d'autres minéraux sulfurés. Les plus communs d'entre eux sont les oxydes de fer tels l'hématite (Fe_2O_3) et la magnétite (Fe_3O_4).

Les minerais oxydés diffèrent des minerais primaires car une grande proportion de matière fine est souvent générée par le concassage et le broyage ou lors de la lixiviation en tas, du fait que les argiles et les minéraux argileux sont plus abondants. La présence de matériaux argileux tels que la pyrophyllite ($Al_2Si_4O_{10}(OH)_2$), le talc ($Mg_3Si_4O_{10}(OH)_2$), la kaolinite ($Al_4Si_4O_{10}(OH)_8$) et la montmorillonite ($Al_4Si_8O_{20}(OH)_4 \cdot nH_2O$) peut avoir des implications importantes telles que :

- La diminution de la perméabilité du tas dans le cas de la lixiviation en tas ;
- L'augmentation de la viscosité de la pulpe lors du traitement (broyage humide et cyanuration), entraînant une augmentation des besoins en énergie ; et
- L'aveuglement du charbon actif dans le circuit *Carbon-in-Leach* (CIL) ou *Carbon-in-Pulp* (CIP).

Les minerais carbonatés tels que la calcite ($CaCO_3$), la dolomite ($CaMg(CO_3)_2$) et la sidérite ($FeCO_3$) sont également plus communs dans les minerais oxydés, et ceux-ci peuvent affecter le pH, en particulier durant les processus de prétraitement oxydatif.

2.4 Les minerais riches en argent

Bien que l'or soit presque toujours associé à l'argent, lorsque la teneur en argent est élevée (>10 g/t) et/ou l'or est présent sous forme d'électrum, le processus de traitement peut avoir besoin d'être modifié.

La plus grande réactivité de l'argent influence particulièrement le comportement de l'or au cours de la flottation, la lixiviation et de la récupération.

L'argent a une valeur d'environ un centième de celle de l'or et s'il existe en forte teneur, cela pourrait constituer une source importante de revenu pour la mine d'or. L'inconvénient est que sa forte présence peut réduire le taux de récupération de l'or si la conception du circuit de traitement n'a pas pris en compte cet aspect.

En présence d'ions sulfure, l'argent forme un film enrobant de sulfure d'argent, ce qui peut limiter l'accès de la solution de cyanure aux particules et réduire le cinétique de dissolution de l'or et de l'argent.

2.5 Les minerais de sulfure de fer

Dans cette classe de minerais, l'or est principalement encapsulé dans une matrice de sulfure de fer, ou le comportement du ou des sulfures de fer affecte la sélection du procédé de traitement. Les principaux minéraux sulfurés de fer sont la pyrite (FeS_2), la marcassite (FeS_2, différent de la pyrite par sa structure cristallographique rhomboédrique), la pyrrhotite ($Fe_{1-x}S$), où $x = 0,0$ à 0,2.

Le minerai sulfuré le plus couramment associé à l'or est la pyrite. La pyrite est un minéral très stable dans les solutions aqueuses, et son potentiel de réduction élevé entraîne une inactivité dans les conditions d'oxydation modérée typiques de la lixiviation au cyanure. Par conséquent, les inclusions d'or fin dans la pyrite nécessitent des conditions de broyage plus extrêmes et/ou un milieu fortement oxydant pour libérer l'or.

L'or peut exister sous forme de solution solide dans les grains de pyrite. En revanche, lorsque l'or est relativement grossier et accessible à la solution de cyanure pour la lixiviation, cette non-réactivité est un avantage car les consommations de réactifs ne sont pas augmentées par les réactions secondaires avec la pyrite.

2.6 Les minerais de sulfure d'arsenic

L'Arsénopyrite est le minerai sulfureux le plus commun derrière la pyrite. Il est moins dur que la pyrite, il en résulte des particules plus fines et des coûts de broyage plus réduits. Cela peut conduire à des taux de récupération par flottation plus élevés pour la pyrite par rapport à l'arsénopyrite.

L'orpiment (As_2S_3) et le réalgar (As_2S_2 ou AsS) sont d'autres exemples de sulfure d'arsenic. Le premier est facilement soluble en solutions alcalines, ce qui conduit à une certaine dissolution pendant la lixiviation. Cela peut interférer de manière significative sur la consommation de cyanure et introduire des espèces d'arsenic délétères dans la solution. Le réalgar, peu soluble, a généralement un effet moins significatif sur la cyanuration.

2.7 Les sulfures de cuivre

Les minerais contenant de l'or associés à des minéraux de sulfure de cuivre qui influent sur la sélection du procédé ou les conditions d'extraction sont considérés dans cette classe. Il est relativement rare que l'or soit associé uniquement à des minéraux de cuivre ; et il y a presque toujours de la pyrite présente.

La chalcopyrite ($CuFeS_2$) est le minéral de cuivre le plus abondant et contient 34,5% de Cu. Les complexes de cuivre qui peuvent être formés dans la solution de cyanure comprennent $Cu(CN)^{2-}$, $Cu(CN)_3^{2-}$ et $Cu(CN)_4^{3-}$ avec les proportions dépendant du pH, de la concentration en cuivre et en cyanure libre. Le principal problème lié à ce type de minerais est la surconsommation de cyanure.

2.8 Les sulfures d'antimoine

L'aurostibite ($AuSb_3$) peut présenter des problèmes dans le traitement du minerai d'or en raison de sa faible solubilité dans les solutions de cyanure et de ses mauvaises propriétés d'amalgamation. Les associations or-stibine sont rares, bien que la stibnite (Sb_2S_3)

puisse exister à des concentrations suffisamment élevées dans les minerais d'or pour causer des problèmes en tant que consommateur de cyanure.

2.9 Les tellurures d'or

Les exigences de traitement et le comportement de cette catégorie de minerais d'or sont affectés par la présence de tellurures d'or. Il existe une large gamme d'alliages or-tellure et de tellurures métalliques mixtes. Les tellurures les plus importants rencontrés dans les minerais d'or sont la calavérite, la petzite, la hessite, la krennerite et la maldonite.

Les minerais contenant des minéraux de tellurure d'or ont des exigences de traitement uniques et ont généralement un mauvais taux d'extraction. La plupart des tellurures d'or, avec ou sans présence d'argent, se dissolvent très lentement dans les solutions de cyanure et nécessitent généralement une étape d'oxydation pour obtenir des extractions commercialement viables.

2.10 Les minerais carbonés

Les minerais carbonés contiennent des composants carbonés qui adsorbent l'or dissout pendant la lixiviation, réduisant ainsi le taux d'extraction d'or par cyanuration. Ces minerais d'or nécessitent parfois un prétraitement oxydatif avant la lixiviation au cyanure. Bien que cette matière n'ait généralement pas une surface spécifique aussi élevée que le charbon actif, dans certains cas, la teneur en carbone est suffisamment élevée (> 5%) pour provoquer une réduction significative de l'extraction d'or. Dans d'autres cas, une teneur aussi faible que 0,1% de carbone peut avoir des propriétés *preg-robbing*[1] ou *preg-borrowing*[2].

La caractérisation des minerais carbonés suggère que cette matière carbonée est constituée de trois composants : les hydrocarbures, l'acide humique et le carbone élémentaire activé. Cependant, la nature exacte des composants n'a pas été bien établie.

---

[1] *Preg-robbing* : vol de l'or de la solution de façon irréversible.
[2] *Preg-borrowing* : vol de l'or de la solution réversiblement.

CHAPITRE 3

LES PROPRIETES PHYSIQUES ET CHIMIQUES DE L'OR

1. PROPRIETES PHYSIQUES

L'or est un métal jaune, doux, plus ductile et malléable que n'importe quel autre métal. L'or cristallise dans le système cubique, bien que les cristaux d'or soient très rares (on le trouve généralement sous forme de plaques ou de grains irréguliers). C'est un excellent conducteur thermique et électrique. L'or pur est non-magnétique.

L'or forme des alliages avec un certain nombre de métaux. Le carat est utilisé pour exprimer la proportion d'or contenu dans un alliage ; 1 carat d'or équivaut à 1/24 de la masse totale de l'alliage, soit 4,1667%. Ainsi, l'or pur est considéré comme 24 carats, 18 carats font 75% en concentration massique d'or et ainsi de suite.

2. PROPRIETES CHIMIQUES

L'or est le plus inerte ou le plus noble des éléments métalliques. Il présente une grande stabilité et une résistance à la corrosion. Les acides minéraux simples (même les acides forts), à l'exception de l'acide sélénique (H_2SeO_4), ne dissolvent pas l'or. Il ne se dissout que dans les solutions oxydantes contenant certains ligands complexant tels que le cyanure (CN^-), les halogénures (Cl^-), le thiosulfate ($S_2O_3^{2-}$), la thiourée ($SC(NH)_2$) et le thiocyanate (SCN^-). Ce comportement unique permet à l'or d'être extrait très sélectivement des minerais, une nécessité puisque les minerais d'or sont généralement de faible concentration. Les principaux états d'oxydation de l'or sont +1 (aureux) et +3 (aurique).

L'acide chlorhydrique peut dissoudre l'or en présence d'oxydants tels que l'acide nitrique, l'oxygène, les ions cuivreux et ferriques et les oxydes de manganèse.

Tableau 1. Récapitulatif des propriétés physiques et chimiques de l'or.

Elément	**Au**
Numéro atomique	79
Masse atomique g/mol	197,2
Densité a 20°C, g/cm^3	19,3
Température de fusion, °C	1063
Température d'ébullition, °C	2600
Rayon atomique, pm	135

CHAPITRE 4

CHOIX DU CIRCUIT D'EXTRACTION

Le choix du procédé d'extraction est la détermination d'une voie optimale de récupération d'or du métal pour un minerai d'alimentation particulier en utilisant la technologie la plus appropriée. Dans le cas de l'or, cette procédure a deux objectifs principaux :

- Optimiser l'économie du projet, principalement une fonction du taux de récupération de l'or, la teneur du minerai et des coûts de traitement (capital et fonctionnement) ; et
- Développer un processus qui satisfait toutes les exigences du projet, y compris, par exemple, les considérations politiques et environnementales.

Diverses formes de classifications des minerais d'or ont été publiées. En raison des nombreux facteurs pouvant avoir une incidence sur la récupération de l'or, il est difficile d'élaborer une caractérisation universelle applicable à tous les sites aurifères.

1. FACTEURS AFFECTANT LE CHOIX DU PROCEDE

Ce sont principalement les suivants (Marsden and House, 2006) :

- Les facteurs géologiques ;
- Les facteurs minéralogiques ;
- Les facteurs métallurgiques ;
- Les facteurs environnementaux ;
- Les facteurs géographiques ; et
- Les facteurs économiques et politiques.

Ce chapitre se focalise sur deux de ces facteurs, les facteurs minéralogiques et métallurgiques, qui ont des impacts directs sur l'extraction de l'or.

1.1 Les facteurs minéralogiques

Les propriétés minéralogiques d'un minerai déterminent sa réponse aux différentes options de traitement et indiquent l'impact environnemental potentiel de son traitement. Les caractéristiques minéralogiques sont déterminées à partir de la composition du minerai et des propriétés de texture, décrites au chapitre 3.

La Brooy et *al.* (1994) ont fourni une forme de caractérisation de la minéralogie comme indiqué dans la figure 4.

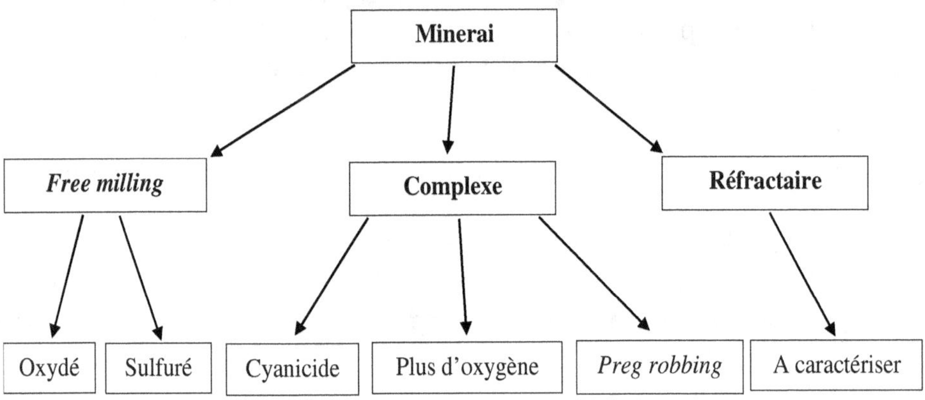

Figure 4[1]. Caractérisation des minerais d'or (La Brooy et *al.*, 1994).

Les minerais ayant une minéralogie «simple» ou ayant des propriétés géologiques et minéralogiques similaires à celles d'autres gisements bien connus nécessitent une analyse moins rigoureuse que ceux avec une minéralogie complexe ou inconnue.

Les minerais complexes comprennent ceux associés aux métaux de base, en particulier le cuivre, qui peuvent consommer du cyanure et créer des problèmes dans le circuit. La présence de matières carbonées nécessitera une modification du circuit pour une récupération acceptable sans trop de pertes d'or dans les résidus. Pour

[1] Les termes **Cyanicides** et **Plus d'oxygène** désignent les espèces dont la consommation respective de cyanure et d'oxygène est relativement élevée.

plus de détails sur les procédés de traitement des minerais réfractaires, se référer au chapitre 12.

1.2 Les facteurs métallurgiques

Les principaux facteurs à prendre en compte dans cette évaluation sont les suivants :

i. Le taux de récupération de l'or et des autres métaux précieux ;
ii. La qualité (pureté) du produit et la nécessité d'un traitement ultérieur ;
iii. Le taux de traitement ;
iv. Les coûts d'investissement ;
v. Les coûts d'exploitation ;
vi. Les impacts sur l'environnement et exigences de permis ; et
vii. Les risques techniques.

Les facteurs *i* à *iii* affectent les revenus générés par le projet, ceux de *ii* à *vi* affectent les coûts du processus et le point *vii* est le niveau d'incertitude associé au processus. Ce dernier facteur dépend des antécédents et de la complexité de la technologie appliquée, ainsi que de la capacité du projet à absorber les coûts imprévus associés à l'application de technologies à plus haut risque. Le choix d'un schéma de traitement optimal présente des avantages économiques, tout en répondant aux autres exigences essentielles du projet telles que la conformité à la politique environnementale et l'atteinte de niveaux de risque acceptables.

La réponse métallurgique d'un minerai (ou d'un concentré) à un processus de traitement est déterminée par un programme d'essais et d'évaluations métallurgiques (*Metallurgical Testwork*).

1.3 Les facteurs géologiques

La teneur et le tonnage (réserves) de minerai déterminent le type et l'échelle de la technologie de traitement qui peut être appliquée. Les minerais à faible teneur et les résidus ou *Tails*, généralement de 0,5 à 1,5 g/t Au, nécessitent habituellement un traitement à faible coût, comme la lixiviation en tas. Les minerais à plus haute teneur, généralement supérieure à 1,5 g/t Au, peuvent être traités par des procédés plus coûteux, tels que le broyage, le CIL et le CIP, pour lesquels les coûts supplémentaires sont plus que compensés par les revenus des ventes. Les minerais complexes et réfractaires nécessitent des teneurs encore plus élevées pour justifier le coût supplémentaire du prétraitement oxydatif.

La teneur de coupure appliquée à un procédé d'extraction dépend de la réponse métallurgique de chaque minerai, par exemple le taux de récupération d'or, les coûts de traitement et les tonnages. Les teneurs et les réserves d'autres minéraux d'intérêt économique potentiel (ex. : l'argent, l'uranium et le cuivre) peuvent également affecter cette évaluation économique et la sélection du procédé.

Les variations des propriétés du minerai, telles que la dureté (indice de broyabilité), la composition minérale (teneur en sulfure, nature de l'or et texture minérale), l'altération, le degré de fracturation (taille des particules) et la teneur en argile peuvent impacter considérablement l'efficacité du processus et affecter la sélection du processus.

1.4 Les facteurs environnementaux

Au cours des 25 dernières années, les considérations environnementales ont joué un rôle de plus en plus important dans le développement et l'exploitation de toutes les ressources minérales. Des lois ont été adoptées pour restreindre l'utilisation de procédés inacceptables pour l'environnement. Cette législation, qui s'est développée à des rythmes différents et à des degrés divers à travers le monde, peut avoir un effet majeur sur la sélection et le fonctionnement des processus.

La sélection du processus doit tenir compte des impacts entre autres sur :

- La qualité de l'eau ;
- La qualité de l'air ;
- La dégradation des terres ;
- Le paysage ;
- Le bruit ;
- La flore et faune (espèces rares et en voie de disparition) ;
- Les ressources culturelles ;
- Le développement durable et social.

1.5 Les facteurs géographiques

Les principaux facteurs géographiques sont les suivants : le climat (précipitations, plages de température), l'approvisionnement en eau, la topographie, l'altitude, les infrastructures (alimentation électrique, accès au site, etc.), la disponibilité des équipements, des réactifs et des fournitures, les moyens, la disponibilité de main-d'œuvre qualifiée et non qualifiée, la nature du site (sites archéologique ou religieux), etc.

Par ex., en raison de ses besoins en eau relativement élevés, la concentration gravimétrique conventionnelle ne peut pas toujours être utilisée dans des environnements particulièrement arides. Inversement, la lixiviation en tas peut ne convient dans les zones à forte pluviométrie. Les extrêmes de température peuvent gravement affecter les taux de réactions chimiques.

1.6 Les facteurs économiques et politiques

Les facteurs économiques et politiques qui peuvent affecter la sélection des processus sont nombreux et variés et toute discussion détaillée dépasse la portée de ce document. Les plus importants d'entre eux sont le prix de l'or (et d'autres métaux précieux), les taxes et le climat économique et la politique locale et mondiale.

D'une manière générale, le processus d'extraction de l'or suit les différentes étapes énumérées dans le Tableau 2. En fonction du type de minerai, certaines étapes peuvent s'avérer facultatives tout comme cela peut nécessiter des étapes supplémentaires.

Tableau 2. Les différentes étapes du circuit d'extraction de l'or.

Procédé	Type
Réduction de la taille des particules, comminution	Physique
Classification	Physique
Séparation solide-liquide	Physique, chimique
Pré-traitement oxydatif	Hydro/Pyrométallurgique,
Lixiviation	Hydrométallurgique
Purification et concentration	Hydrométallurgique
Récupération	Hydrométallurgique
Raffinage	Hydro/Pyrométallurgique
Élimination de déchets	Hydrométallurgique

Chacune de ces étapes sera développée dans les chapitres suivants.

CHAPITRE 5

LA COMMINUTION

La première étape du traitement du minerai d'or est la réduction de la taille des roches minéralisées en des roches de petites dimensions. La comminution est par définition, la réduction progressive de la taille des roches en des particules de petite taille (de l'ordre du micromètre) permettant de libérer ou de débloquer les minéraux de valeur qui sont intimement associés à la gangue. Elle est le terme général employé pour désigner les opérations de concassage, de broyage et de pulvérisation, opérations qui consistent industriellement à réduire les dimensions des roches et des minerais par divers moyens mécaniques. Elle inclut souvent l'étape de dynamitage.

Son efficacité est toujours évaluée par une mesure de l'accroissement de la finesse. Elle vise généralement au moins un des buts suivants :

- Réduire les dimensions afin de faciliter la manutention, le conditionnement ou l'utilisation ;
- Réduire les dimensions afin de libérer les constituants avant une opération séparative ;
- Augmenter la réactivité vis-à-vis de processus dont la cinétique dépend de la finesse ou du degré de désordre ; ou à
- Homogénéiser le minerai.

1. CHOIX D'UNE TECHNOLOGIE DE FRAGMENTATION

Les principaux critères intervenant dans le choix d'une technologie de fragmentation sont :

- La consommation énergétique ;
- La capacité d'admission qui est fonction de la dimension des plus gros blocs ;
- Le rapport de réduction optimal établi entre la dimension correspondant à 80 ou 85% en masse des produits à l'entrée (D80 ou D85) et celle correspondant au même pourcentage des produits à la sortie (d80 ou d85) ;
- L'étalement des granulométries à la sortie ;
- Le coût de maintenance qui est fonction de la robustesse, de l'efficacité des dispositifs de sécurité, des facilités d'entretien et de la durée de vie des pièces d'usure ;
- La nature de la substance à traiter selon sa sensibilité aux contaminations possibles lors de la fragmentation (notamment l'usure des outils, mais aussi l'eau ou l'air).

On classe en général les appareils de fragmentation en fonction des dimensions des solides qu'ils traitent :

- Concasseurs pour l'obtention de gros fragments (fragmentation grossière) ;
- Broyeurs pour la production de poudre (fragmentation fine) ;
- Pulvérisateurs, microniseurs ou super-broyeurs pour la préparation de poudres très fines (fragmentation ultrafine) ;
- Désintégrateurs pour fragmenter les matières fibreuses.

Parmi les nombreux types d'appareils industriels on peut citer :

- Les concasseurs à mâchoires ;
- Les concasseurs giratoires ;
- Les concasseurs à cylindres ;
- Les broyeurs à cylindres ;
- Les broyeurs à disques ;
- Les broyeurs rotatifs à percussion (à marteaux, à broches) ;
- Les broyeurs rotatifs à barres ou à boulets ;
- Les super-broyeurs, microniseurs.

2. LES ETAPES DE LA FRAGMENTION

On distingue plusieurs stades de fragmentation :

2.1 Le dynamitage

Elle se déroule dans la fosse. Le dépôt devant être dynamité est d'abord foré puis les trous de forage sont remplis d'explosifs. Le réactif couramment utilisé est l'*Ammonium Nitrate and Fuel Oil* (ANFO). Lorsque tous le personnel quitte le secteur, habituellement une distance minimale de 400m, le sautage est déclenché (voir la photo d'illustration à l'image 1).

Après le dynamitage, le minerai est transporté par des chargeuses (Image 2) et est entreposé au niveau du minerai-tout-venant en tas en fonction des teneurs : forte teneur *(high grade),* moyenne teneur *(medium grade),* faible teneur *(low grade*). Il est séparé du stérile. Il faut noter que le stérile n'est pas nécessairement du matériau dont la teneur en or est quasi-nulle (0 g/t) mais c'est du matériau qui ne présente pas d'intérêt économique à l'endroit et à l'espace considéré. Il peut être sujet à traitement au cours du temps en fonction des avancées technologiques et de l'évolution du prix de l'or par exemple.

Image 1. Dynamitage dans une mine à ciel-ouvert [https://www.virginiamn.com/mine/having-a-blast/article_bff252a8-41b3-11e3-bb7a-001a4bcf887a.html, 24/06/2020]

Image 2. Un camion transportant du minerai dans une mine à ciel ouvert [https://www.fortunasilver.com/mines-and-projects/development/lindero-project-argentina/construction-gallery/lindero-deposit/, 24/06/2020].

2.2 Le concassage (*Crushing*)

Après le dynamitage le minerai est réduit en particules de tailles inférieures à 200mm à l'aide de concasseurs puis convoyé au *Stockpile*.

Le concassage peut se dérouler en plusieurs étapes successives :

- Le concassage primaire (1500 mm à 350 mm, à l'aide de concasseur à mâchoires, concasseur giratoire) : il traite les gros blocs qui proviennent de la mine ou de la carrière. Ces blocs appelés tout-venants dépassent souvent la dimension du mètre. Ils sont réduits en morceaux de l'ordre du centimètre pour faciliter le transport et le stockage ;
- Le concassage secondaire ou concassage fin (350 mm à 75 mm, à l'aide de concasseur conique) : il réduit les blocs provenant du concassage primaire en morceaux de l'ordre du centimètre ; et

• Le concassage tertiaire (75mm à 10 mm).

2.2 Le broyage

Le produit obtenu à l'étape 2 est ensuite réduit en poudre de particules de taille nominale 75µm (en fonction du type de minerai). Ce qui permet la libération des particules d'or (Figure 5)

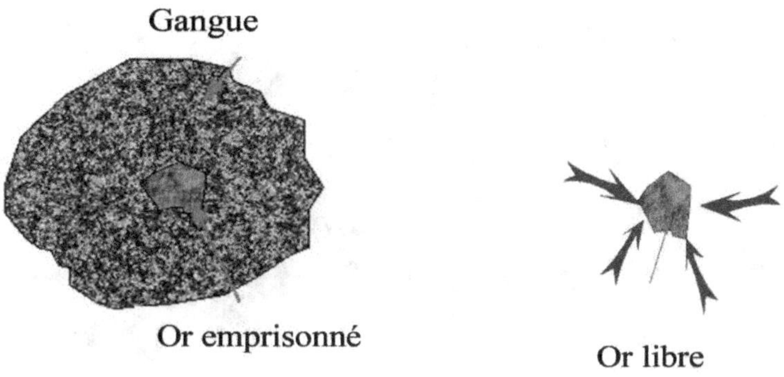

Figure 5. Schéma illustratif du broyage ou de la pulvérisation.

Avant l'étape 3, de la chaux (*Lime*) est ajouté au minerai pour maintenir le pH de la pulpe basique (pH > 10 en général) au cours de la cyanuration.

La machine couramment utilisée pour le broyage est le broyeur à boulets ou *SAG Mill* (*Semi-Autogenous Grinding*).

2.2.1 Description du principe de fonctionnement d'un *SAG Mill*

La figure 6 est une coupe transversale d'un *SAG Mill.* Le SAG Mill est un assemblage en forme de cylindre de diamètre pouvant atteindre 7m et de longueur pouvant atteindre 4m, entrainé par un moteur (voir Figure 7).

La charge du *SAG Mill* (*Grinding media,* voir Image 3) est constituée :

• Du produit obtenu du concassage (minerai) ;

- Des boulets en acier de tailles variables (125mm de diamètre majoritairement) représentant 12% du volume total de la charge ;
- De l'eau de procédé (*Process Water*). Elle est ajoutée à l'intérieur du *SAG Mill* par pompage.

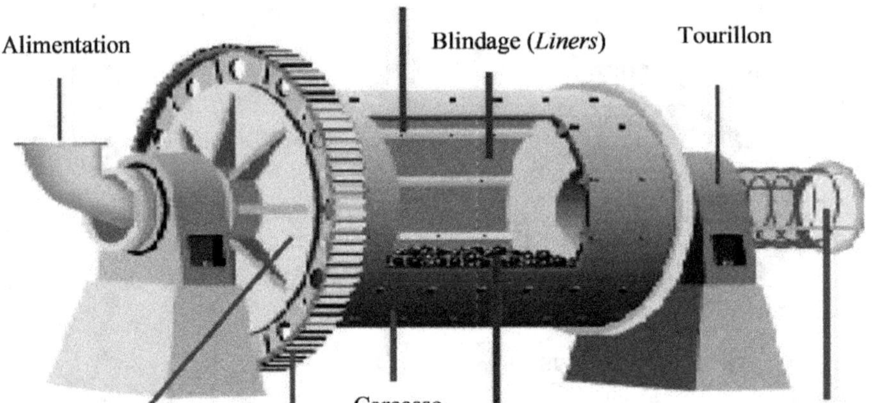

Figure 6. Schéma simplifié d'un *SAG Mill* (Bouchard, 2001).

Volume de la charge = Volume de minerai + Volume d'eau + Volume des boules + Volume des espaces vides à l'intérieur de la charge

L'eau est ajoutée pour faciliter le transport des particules solides à l'intérieur du moulin. Le poids du minerai et la quantité d'eau doivent être contrôlés ; trop élevé et le moulin devient inefficace, trop faible et l'effet autogène (broyage des particules par les particules elles-mêmes) n'est pas utilisé correctement.

L'addition d'eau est une variable importante dans la consommation énergétique de l'usine. La quantité d'eau ajoutée dépend de celle du minerai. Elle doit permettre de maintenir la fluidité de la boue constante à l'intérieur et à la sortie du moulin ; cela protège les parois du moulin et les boules contre les usures et les dommages excessifs.

La taille des particules est alors réduite par attrition grâce au mouvement de rotation du cylindre entrainant les boules métalliques. Également, les gros morceaux de roches contribuent à broyer les roches de taille réduite. Les morceaux de roches prennent rapidement des formes sphériques. La pulpe fine s'écoule hors du *SAG Mill* au fur et à mesure que le broyage progresse. Les morceaux de roches sphériques (*Scats*), devenus difficiles à broyer ainsi que les boulets métalliques usées, sont éjectés hors du *SAG Mill* (Figure 7). Ces morceaux de roches sont acheminés vers un autre moulin pour être broyés ou retournés ultérieurement dans le *SAG Mill*.

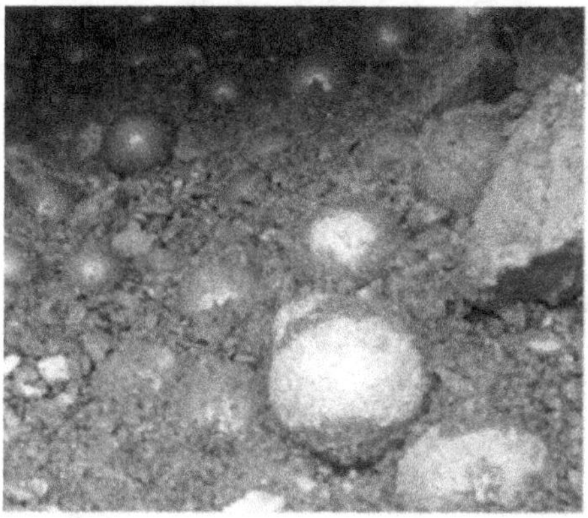

Charge du moulin

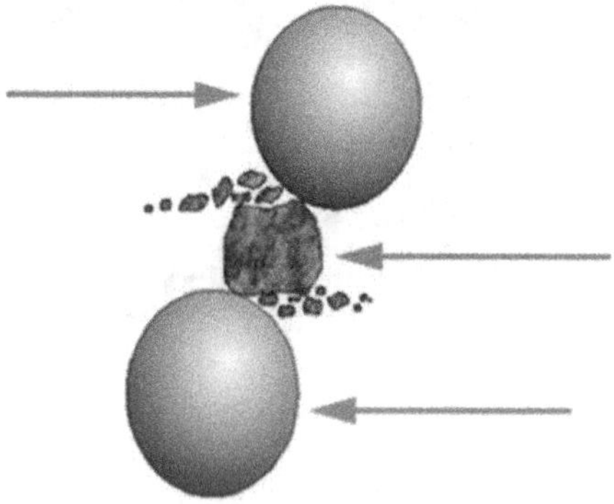

Broyage par attrition

Image 3. La charge du broyeur.

La vitesse de rotation du SAG Mill peut être variable. Une vitesse élevée augmente la capacité de broyage et est importante pour les minerais durs à broyer à condition que le moulin ne dépasse pas la vitesse critique. Un minerai plus doux nécessiterait une diminution de la vitesse du moulin pour maintenir des conditions de broyage satisfaisantes et protéger les parois du moulin contre les chocs directs.

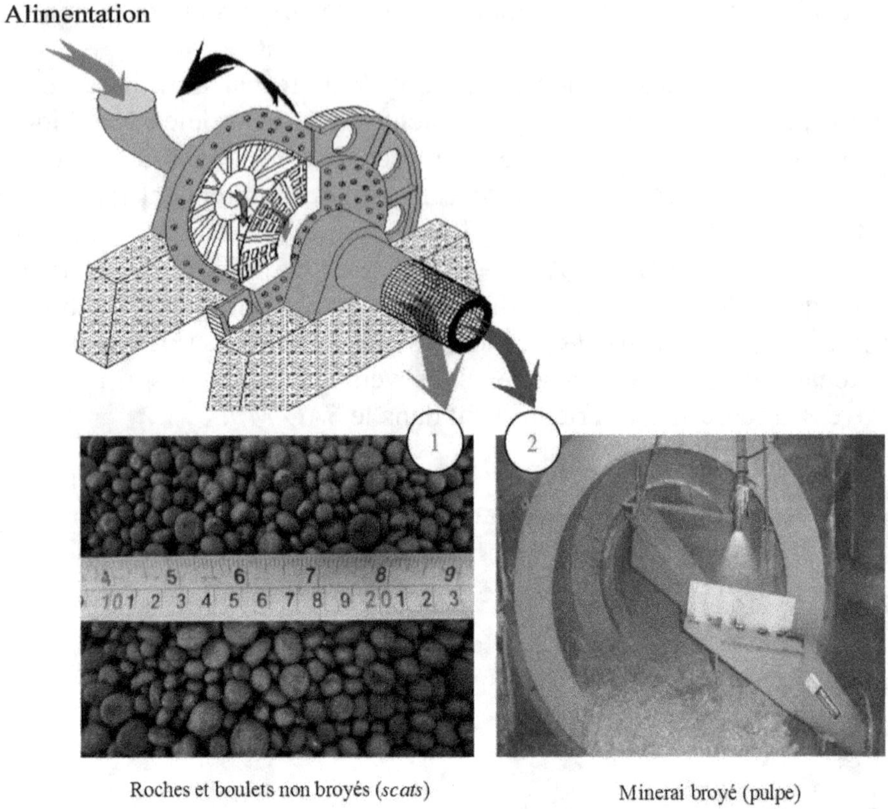

Figure 7. Schéma illustratif du fonctionnement d'un *SAG Mill.*

Autres facteurs pouvant affecté l'efficacité du broyage sont entre autres :

- La pression des hydrocyclones ;
- Le pourcentage et la taille des solides distribués par les hydrocyclones ; et
- La densité de la pulpe acheminée vers les hydrocyclones.

2.3 La fragmentation ultrafine

Certains types de minerai peuvent nécessiter un broyage ultrafin pour libérer les particules d'or (jusqu'à 10 µm ou moins) ; par exemple les minerais contenant de l'or sous forme de solution solide ou invisible. Des exemples d'équipement de fragmentation ultrafine sont : les broyeurs à rotor (broyeurs à meules de corindon, les broyeurs à agitateur, les broyeurs à impact), les broyeurs à corps broyant libres (broyeur vibrant, broyeur à billes, etc.)

A l'issue du processus de communication le minerai doit avoir été réduit en particules de taille inférieure à 75µm ; généralement au minimum environ 80% de la masse totale du minerai. Cela permet de s'assurer, pour les minerais conventionnels, que les particules d'or sont libres et accessible pour la cyanuration.

Pour les minerais réfractaires (où l'or est sous forme de solution solide), un broyage ultrafin peut être nécessaire pour une libération totale des particules d'or.

Il n'y a pas de circuit de comminution standard pour tous les minerais. Le choix du circuit est fait en tenant compte des facteurs tels que le type de minerai (dureté, taille des particules d'or contenues, viscosité, etc.), du procédé métallurgique choisi et des facteurs économiques (coûts d'investissement, coûts de fonctionnement, teneur du minerai, prix de l'or, etc.). La figure 8 ci-dessus est un exemple de circuit de comminution d'une mine d'or basée au Sénégal dont l'exploitation a commencé en 2018.

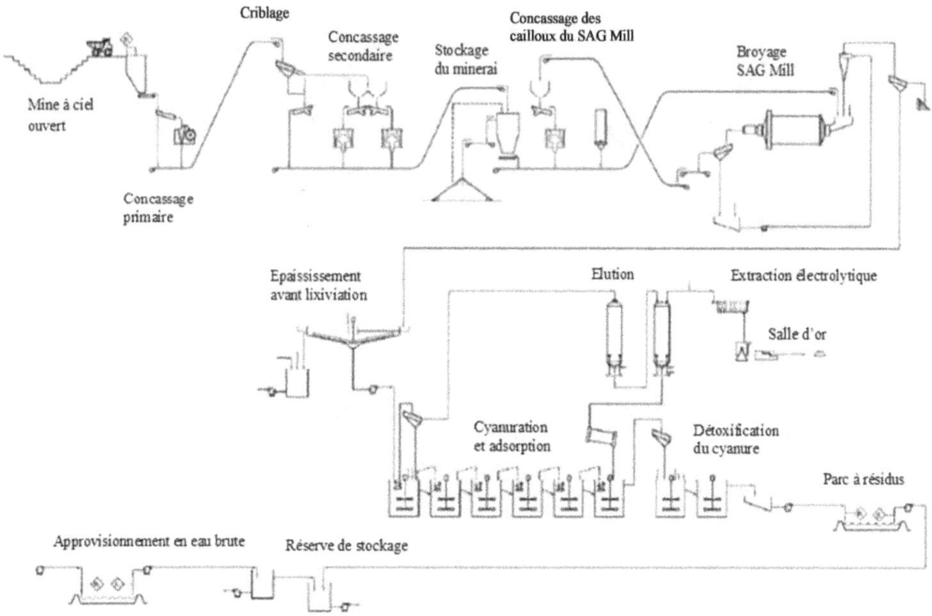

Figure 8. Exemple de circuit de comminution. Usine d'or de Mako, Sénégal (Lycopodium, 2015).

CHAPITRE 6

LA CLASSIFICATION

La classification est faite à l'aide d'un dispositif appelé cyclone ou hydrocyclone. Le but des cyclones dans le circuit de traitement du minerai est de séparer la pulpe venant du broyeur en fonction de la taille des particules. Deux produits sont générés par les cyclones :

- Un produit de broyage passant par l'orifice supérieur du cyclone appelé *Cyclone Overflow* (COF), constitué de pulpe de particules fines, qui est acheminé dans les réservoirs de lixiviation ; et
- Un produit de broyage passant par l'orifice supérieur du cyclone appelé *Cyclone Underflow* (CUF), constitué de pulpe de particules grossières, qui est renvoyé dans un moulin pour un nouveau broyage ou dans certains cas, récupéré dans un concentrateur pour une lixiviation intense dans un réacteur appelé *InLine Leach Reactor* (ILR) pour récupérer l'or obtenu par gravité (*Gravity Gold*), voir le paragraphe 1.5.4 du chapitre 7.

Image 4. Un assemblage de plusieurs hydrocyclones (*Metalliferous Mining-Processing, Cyclones Resource Book*)

L'aspect le plus important du fonctionnement du cyclone est que les particules dans la pulpe de COF doivent être de taille suffisamment fine pour faciliter un taux de récupération acceptable de l'or par la lixiviation.

Le mécanisme de séparation qui a lieu au sein des cyclones est appelé classification. Il est basé sur la vélocité : le principe selon lequel les particules les plus lourdes se déposent plus vite au fond d'un récipient contenant un fluide (l'eau).

1. FONCTIONNEMENT D'UN HYDROCYCLONE

La figure 9 illustre le fonctionnement d'un hydrocyclone.

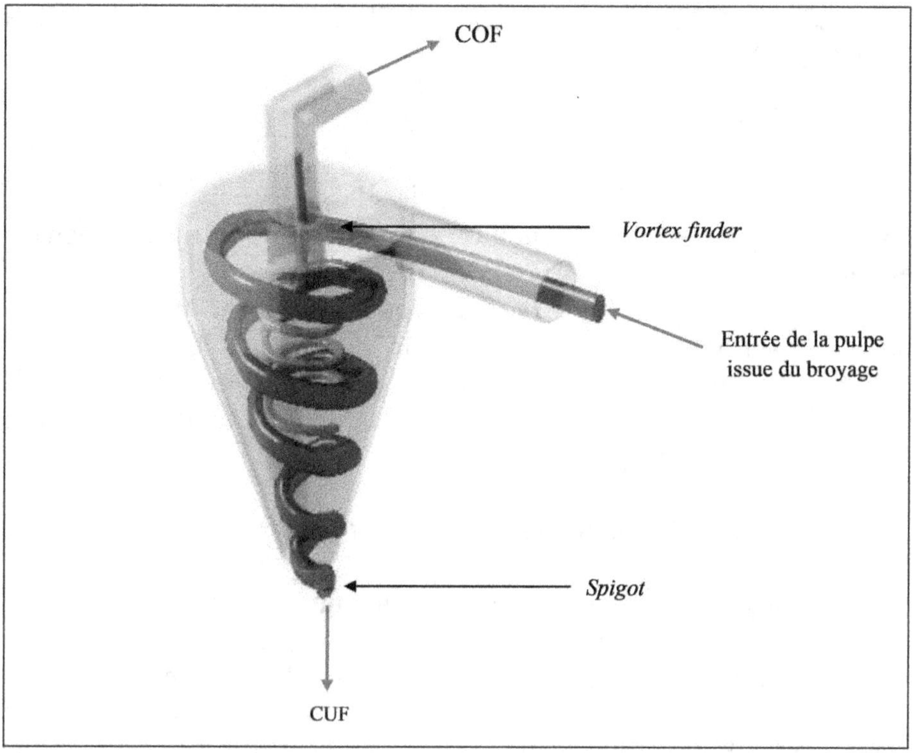

Figure 9. Schéma illustrant le fonctionnement d'un hydrocyclone *(Metalliferous Mining-Processing, Cyclones Resource Book)*.

Il y'a une décantation plus rapide des particules grossières qui se déplacent vers le mur du cyclone et migrent vers l'ouverture inférieure (*spigot*). La force de traînée due à la résistance visqueuse de la pulpe provoque la lenteur de la décantation des petites particules qui franchissent le *vortex finder* et sont portés vers le haut pour ressortir par le tube du COF.

L'efficacité de la séparation est définie en termes de P80. Le P80 est la taille pour laquelle 80% des particules de la pulpe du COF sont plus petites que cette taille. Par exemple, si un échantillon de COF a été tamisé à travers un ensemble de tamis et on constate que 80% de l'échantillon passe à travers le tamis de 125 µm alors, le P80 du COF est de 125 µm.

2. LES FACTEURS AFFECTANT L'EFFICACITÉ D'UN HYCYCLONE

2.1 La pression de fonctionnement

Elle joue sur l'efficacité de la classification des particules. Dans les limites, une augmentation de la pression de fonctionnement entraînera une baisse du P80 (COF plus fin). Cela parce que la force centrifuge sur les particules augmente, entrainant plus de fines particules sur le mur du cyclone et donc à passer en CUF. Cependant, une très forte pression peut entrainer les particules grossières avec le COF. Si la pression chute trop, la majeure partie de la pulpe à l'intérieur du cyclone passe en CUF.

2.2 La taille des ouvertures (*spigot* et *vortex finder*)

L'augmentation de la taille de l'une ou l'autre permettra à plus de pulpe de passer à travers cette ouverture. Une augmentation du diamètre du *vortex finder* entrainera un COF plus grossier. De même, un diamètre de *spigot* très large permettra à plus de fines particules de passer en CUF. Par conséquent, le *vortex finder* et le *spigot* devraient être périodiquement inspectés et remplacés lorsqu'ils sont usés.

2.3 La taille des particules de la pulpe entrante

Si la pulpe est très fine, il en résulte que la majorité de la pulpe passe en COF. Si elle est constituée de particules grossières la majorité passe en CUF.

2.4 La densité de la pulpe entrante ou pourcentage en solides

Pour qu'une particule se retrouve aux parois du cyclone et passe en CUF, elle doit « se battre » à travers toutes les autres particules de la pulpe. En effet, une particule va couler plus rapidement dans un verre d'eau claire que dans un verre de bouillie avec 50% de solides car il n'y a rien pour arrêter ou entraver sa chute dans un verre d'eau. Par conséquent, une densité élevée (pulpe concentrée) obligera plus de particules à rester au centre du cyclone et à passer en COF. Ce qui résultera d'un COF plus grossier.

2.5 La viscosité de la pulpe

Elle dépend de la minéralogie du minerai et a généralement les mêmes effets que la densité décrite plus haut (par ex., à densité identique, une pulpe de minerai d'argile est plus visqueuse qu'une pulpe de minerai de granite).

3. PROBLÈMES COURANTS A LA CLASSIFICATION

Le tableau 3 résume les problèmes couramment rencontrés lors de la classification ; avec les possibles causes et solutions.

Tableau 3. Problèmes courants avec la classification
(*Metalliferous Mining-Processing, Cyclones Resource Book*)

Situation	Possibles Causes	Solutions suggérées
COF grossier	Pulpe très grossière	Ajouter des boules de pétanque au moulin, réduire le taux d'alimentation
	Pression d'entrée trop élevée	Réduire la pression
	Pression d'entrée trop faible	Augmenter la pression
	Densité de la pulpe élevée	Ajouter de l'eau
	Diamètre du *spigot* très petit	Remplacer *spigot*
COF très fin	Densité pulpe très faible	Diminuer l'eau du circuit
	Diamètre *spigot* très large	Remplacer *spigot*
	Pression très élevée	Réduire la pression
	Diamètre *vortex finder* très petit	Consulter métallurgistes
Forte pression COF	Pression très élevée	Réduire pression
Faible pression COF	Pression très faible	Augmenter pression

CHAPITRE 7

LES TECHNIQUES DE DISSOLUTION DE L'OR

Après la comminution et la classification, l'étape suivante est la dissolution de l'or métallique contenu dans la pulpe.

Il existe plusieurs méthodes pour dissoudre l'or du minerai :

- La cyanuration, et
- D'autres alternatives que l'utilisation du cyanure, moins utilisées, qui seront présentées dans la deuxième partie de ce chapitre.

La méthode la plus utilisée dans les mines d'or à travers le monde est la cyanuration du fait de son efficacité face à bon nombre de minerais et des coûts relativement moins chers. Ce chapitre met l'accent sur cette dernière méthode de dissolution.

1. LA CYANURATION

Le procédé de cyanuration de l'or est devenu une pratique universelle d'extraction d'or depuis que J. S. MacArthur et les frères R. et W. Forrest l'ont breveté en 1889. La concentration optimale de la solution de cyanure dépend des caractéristiques du minerai et devrait être déterminée expérimentalement. Les concentrations de cyanure couramment utilisées sont de 0,05-0,20%.

1.1 Propriétés chimiques des solutions de cyanure

Les sels de cyanure simples tels que le cyanure de sodium (NaCN), le cyanure de potassium (KCN) et le cyanure de calcium ($CaCN_2$) ont été largement utilisés comme sources de cyanure pour la lixiviation. Ils se dissolvent et s'ionisent dans l'eau pour former leur métal respectif cation et les ions cyanure libres (CN^-), comme présenté dans l'équation ci-dessous :

$$NaCN \leftrightarrow Na^+ + CN^- \quad (1)$$

Les ions cyanure s'hydrolysent dans l'eau pour former du cyanure d'hydrogène (HCN) et des ions hydroxyle (OH^-) qui augmentent également le pH. À pH environ 9,3, la moitié du cyanure total existe sous forme de cyanure d'hydrogène et la moitié sous forme d'ions cyanure libres. À pH plus élevé, le cyanure total existe fortement sous forme d'ions cyanure libres. Des réactions indésirables peuvent survenir pendant lixiviation. En effet le cyanure d'hydrogène ainsi que le cyanure libre peuvent être oxydés par l'oxygène pour former du cyanate (CNO^-) qui ne dissout pas l'or mais réduit cependant la concentration de cyanure libre (Marsden et House, 1992).

$$CN^- + H_2O \leftrightarrow HCN + OH^- \quad (2)$$

$$4HCN + 3O_2 \leftrightarrow 4CNO^- + 2H_2O \quad (3)$$

$$3CN^- + 2O_2 + H_2O \leftrightarrow 3CNO^- + 2OH \quad (4)$$

1.2 La dissolution de l'or par cyanuration

L'oxydation de l'or est une condition préalable à sa dissolution dans la solution alcaline de cyanure. Bien que l'or soit inerte à l'oxydation, il est largement admis qu'en présence d'un agent complexant approprié tel que le cyanure, l'or est oxydé et dissous pour former l'ion complexe stable d'aurocyanure [$Au(CN)_2^-$]. L'oxygène est réduit et du peroxyde d'hydrogène est formé comme produit intermédiaire dans la première étape et devient l'agent oxydant dans la deuxième étape, conduisant aux réactions chimiques suivantes (5) et (6) qui se déroulent en parallèle (Srithammavut, 2008) :

$$2Au + 4CN^- + O_2 + 2H_2O \leftrightarrow 2Au(CN)_2^- + H_2O_2 + 2OH^- \quad (5)$$

$$2Au + 4CN^- + H_2O_2 \leftrightarrow 2Au(CN)_2^- + 2OH^- \quad (6)$$

La sommation des deux réactions partielles est présentée dans l'équation (7), comme proposé par Elsner :

$$4Au + 8CN^- + O_2 + 2H_2O \leftrightarrow 4Au(CN)_2^- + 4OH^- \quad (7)$$

1.3 Les réactions compétitives dans la solution de cyanure

De nombreux autres éléments et minéraux peuvent se dissoudre dans la solution alcaline diluée de cyanure. Ces réactions concurrentielles peuvent augmenter la consommation de réactifs et par conséquent réduire l'efficacité de la lixiviation de l'or. Les sulfures par exemple sont dissous ; et produisent des complexes de cyanure métallique et divers composés contenant du soufre tels que les ions sulfate, sulfure, thiocyanate et thiosulfate. Par ex., la pyrrhotite (Fe_7S_8) qui est le sulfure de fer le plus réactif dans une solution alcaline de cyanure réagit avec du cyanure pour former du thiocyanate (Deschênes et *al.*, 1998).

D'autres minéraux, tels que le cuivre et les oxydes métalliques, se solubilisent pour former des complexes métalliques de cyanure dans les solutions alcalines de cyanure. La chalcopyrite ($CuFeS_2$) est l'un des minéraux ordinaires de cuivre présentant une faible solubilité dans une solution de cyanure. Il a été reporté qu'une concentration de ce minéral de cuivre entre 300 et 400 ppm en solution n'affecte pas la lixiviation de l'or. Tous les autres minéraux de cuivre courants, par exemple, la chalcocite (Cu_2S) et la cuprite (Cu_2O) ont une solubilité plus élevée et donnent lieu à des réactions concurrentielles (Vukcevic, 1997).

Ces minéraux consomment généralement moins de cyanure et d'oxygène que les sulfures. Cependant, les espèces formées peuvent affecter les réactions de précipitation et l'efficacité des processus (Marsden et House, 1992). Par conséquent, un prétraitement oxydatif (préaération, oxydation sous pression, grillage) est appliqué à la pulpe avant la cyanuration afin de réduire la consommation d'oxygène et de cyanure (voir le chapitre 12 pour plus de détails sur le traitement des minerais réfractaires).

1.4 Les facteurs affectant l'efficacité de la cyanuration

Les paramètres de lixiviation ont été largement étudiés pour optimiser les performances du processus de cyanuration. La performance du processus dépend de variables telles que les concentrations d'oxygène dissous, de cyanure libre et de composés qui réagissent avec cyanure, le pH du milieu, la taille des particules et les conditions de fonctionnement. Ces paramètres affectent la vitesse de dissolution, le taux de récupération de l'or et la consommation de cyanure. Les paramètres qui affectent la cyanuration sont les suivantes :

1.4.1 La concentration en oxygène dissous

L'oxygène est l'un des réactifs clés de la cyanuration conventionnelle de l'or tel que présenté dans l'équation (7). Il peut être fourni au système par de l'air, de l'oxygène pur ou de l'air enrichi. La concentration en oxygène pour les procédés utilisant de l'air est déterminée par les conditions de température et de pression sous lesquelles le processus fonctionne. La teneur maximale en oxygène dissous que peut atteindre une solution diluée de cyanure est de 8,2 ppm, par injection d'air, à 25°C, au niveau de la mer (Adams, 2005). Cette valeur diminue avec l'augmentation de l'altitude et de la température.

La cyanuration conventionnelle est généralement effectuée à un pH supérieur à 10 et une concentration en O_2 supérieure à 6 ppm. Si la concentration d'oxygène dissous chute en dessous de 4 ppm, la vitesse de dissolution de l'or est considérablement réduite. Inversement, le taux de dissolution augmentera considérablement à mesure que la concentration d'oxygène dissous dépasse 10 ppm. Ellis et Senanayake (2004) ont suggéré que l'injection d'oxygène, à la place d'air, fournit une concentration élevée en oxygène gazeux pour augmenter l'oxygène dissous et peut conduire à une extraction d'or globalement élevée. Cependant, Kondos et *al.* (1995) ont constaté que la consommation d'oxygène est nettement plus élevée avec l'utilisation de l'oxygène pur que l'air. Un grand nombre de petites bulles d'air dispersées dans la pulpe à une profondeur suffisante donnerait une concentration d'oxygène adéquate pour la dissolution de l'or (Ellis et Senanayake, 2004).

Connaissant la demande en oxygène du processus, sa quantité peut être optimisée afin d'obtenir une récupération d'or plus élevée, un temps de rétention plus court et une faible consommation de cyanure ; ce qui réduit les préoccupations environnementales liées au cyanure dans les effluents. Cependant, les besoins en oxygène diffèrent selon les compositions minéralogiques du minerai de sorte qu'un minerai riche en pyrite nécessite une teneur en oxygène plus élevée qu'un minerai contenant de l'albite, du quartz et du chlorite comme principaux minéraux (Kondos et *al.*, 1995).

De nombreux chercheurs ont conclu que l'augmentation de la concentration d'oxygène dissous augmente le taux de dissolution de l'or. Deschênes et *al.* (2003) ont présenté l'effet de l'oxygène dissous sur l'extraction de l'or comme illustré dans la figure 10.

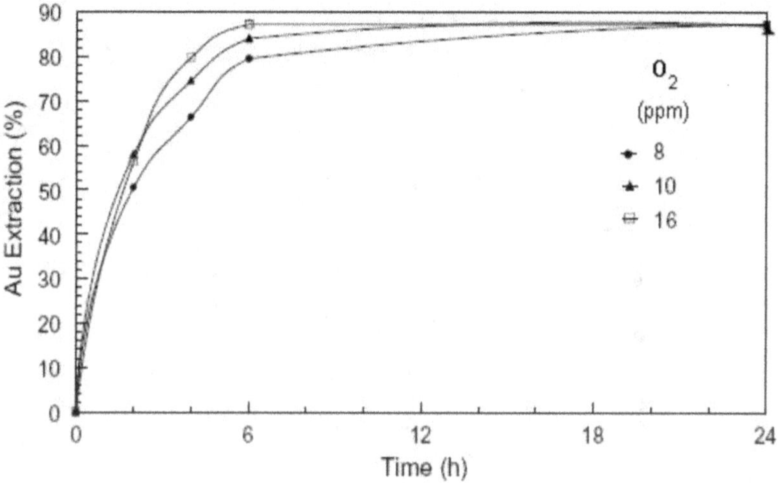

Figure 10[1]. Effet de la concentration d'oxygène sur la cyanuration: pH 11,2, NaCN 500 ppm, 24 h (Deschênes et *al.*, 2003).

1.4.2 La concentration en cyanure

De nombreuses études ont montré que le taux d'extraction d'or augmente avec l'augmentation de la concentration en cyanure. La figure 11 montre l'effet de la concentration en cyanure sur la dissolution de l'or.

Les concentrations de cyanure réellement utilisées pour dissoudre l'or dans les minerais sont généralement beaucoup plus élevées que la quantité stœchiométrique requise en raison de la

[1] *Au Extraction (%)* : Pourcentage d'extraction de l'or. *Time (h)* : Durée (h). *ppm* : partie par million.

solubilité d'autres minéraux. La littérature a indiqué que cette surconsommation de cyanure est liée à la concurrence d'autres espèces ioniques dans la consommation du cyanure (Marsden et House, 1992). C'est une explication, mais ce n'est pas la seule. En plus, le cyanure est nécessaire pour contrer l'effet retardateur du revêtement formé sur les particules d'or par dissolution des sulfures métalliques.

Ling et *al.* (1996) ont constaté que le taux de dissolution de l'or n'était pas très sensible au changement de concentration de cyanure à des niveaux élevés de cyanure. Cela a également été trouvé par Deschênes et *al.* (2003) qui ont conclu que l'utilisation de 400 à 500 ppm de NaCN a entraîné une extraction d'or globale similaire.

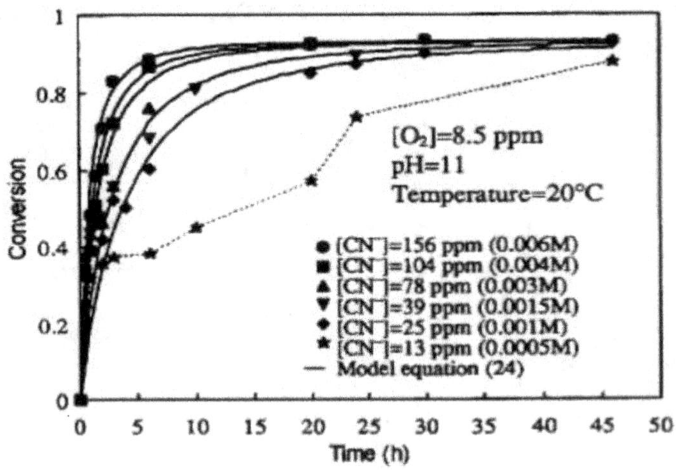

Figure 11[1]. Effet de la concentration en cyanure sur la dissolution de l'or (Ling *et al.*, 1996).

Ellis et Senanayake (2004) ont proposé que le taux de lixiviation de l'or augmente avec une concentration croissante de cyanure mais devient indépendante lorsque la concentration dépasse 0,075% KCN (ou 0,06% NaCN, équivalent à 600 ppm). Kondos et *al.* (1995) ont conclu que l'utilisation d'un excès de cyanure résulte en une surconsommation inutile de cyanure et n'a aucun effet bénéfique sur l'extraction de l'or.

[1] *Conversion* : Taux de conversion. C'est le rapport de la quantité d'or dissoute et celle initiale.

1.4.3 Le pH

L'ajout de chaux est généralement utilisé pour maintenir le pH dans la lixiviation de l'or circuit. Le taux de dissolution de l'or devrait diminuer avec l'augmentation du pH du faite de l'adsorption des ions OH^- sur les particules d'or, réduisant ainsi la surface disponible pour la dissolution (Kondos et *al.*, 1995 ; Ling *et al.*, 1996). Parga et *al.* (2007) ont présenté l'effet du pH sur l'extraction de l'or comme selon la figure 12. On peut voir que l'extraction d'or pour les systèmes à haute pression diminue lorsque le pH augmente (Parga et *al.*, 2007).

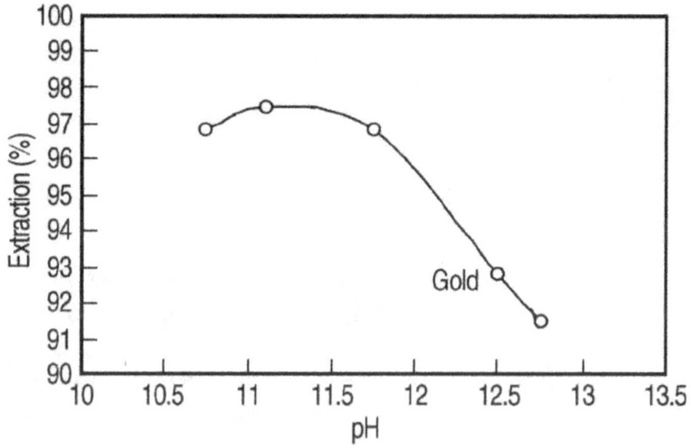

Figure 12. Effet du pH sur l'extraction de l'or. Condition: 20% solide, 0,6 MPa, 300 min^{-1}, 80°C, 1% NaCN, 1 h (Parga et *al.*, 2007).

Ellis et Senanayake (2004) ont rapporté que la lixiviation à pH élevé minimise la formation de cyanure d'hydrogène (HCN) causant une perte de cyanure sous forme de gaz ; diminuant ainsi la consommation en cyanure. Cependant, le pH optimal de lixiviation doit être déterminé indépendamment, en fonction du système utilisé et du type de minerai.

1.4.4 La taille des particules

Ling et *al.* (1996) ont étudié l'effet de la taille des particules sur la conversion de l'or et ont constaté que des particules de taille plus petite peuvent améliorer la vitesse de dissolution de l'or. Ceci est dû au fait que les particules de plus petite taille offre une plus grande surface de contact entre le solide et le liquide et augmente ainsi le taux. Des résultats similaires ont été obtenus par de Andrade Lima et Hodouin (2005) qui ont présenté la concentration résiduelle d'or dans un minerai en fonction de la taille des particules du minerai, comme le montre la figure 13.

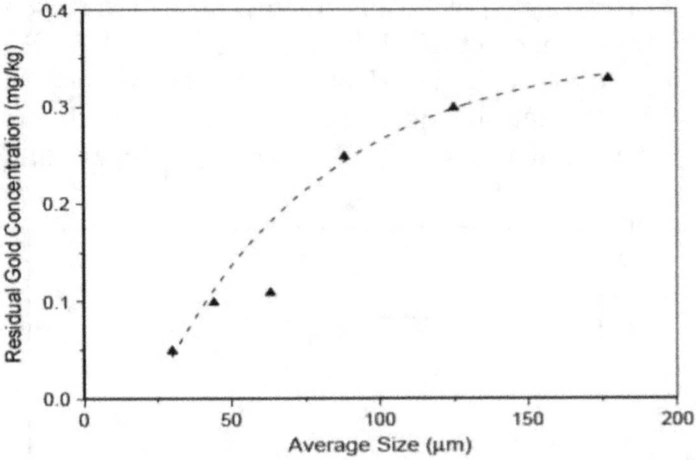

Figure 13[1]. Concentration résiduelle en or en fonction de la taille des particules de minerai (de Andrade Lima et Hodouin, 2005).

Cependant, Kondos et *al.* (1995) ont signalé que la diminution de la taille des particules par un broyage plus fin augmentera également consommation de cyanure et n'améliore pas l'extraction de l'or, probablement parce que l'or résiduel est encapsulé dans de fines occlusions de solide dans la matrice minérale. Marsden et House (1992) ont également indiqué que le taux de dissolution peut diminuer avec une taille de particules décroissante en raison de l'augmentation du taux de réactions compétitives et consommatrices de réactifs. De plus, les coûts de broyage augmentent également avec la diminution de la taille des particules (Ellis et Senanayake, 2004).

1.4.5 La température

La température a un effet significatif sur la vitesse de dissolution de l'or et la solubilité de l'oxygène. Des températures plus élevées entraînent des vitesses de réaction plus élevées des métaux dans le solvant. La viscosité du liquide est plus faible et les diffusivités plus grandes à température plus élevée. La dissolution de

[1] *Residual Gold Concentration* : Concentration d'or résiduel. *Average Size* : Taille moyenne (des particules).

l'or a tendance à augmenter avec l'augmentation de la température, comme présenté à la figure 14 par Marsden et House (1992).

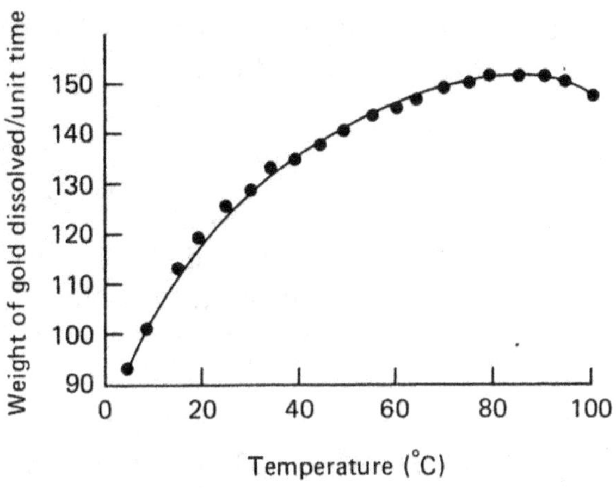

Figure 14[1]. Effet de la température sur la vitesse de dissolution de l'or en solution aérée 0,25% KCN (Marsden et House, 1992).

Il faut noter qu'une température trop élevée entraîne une lixiviation de minéraux indésirables également. Par conséquent, la température ambiante est généralement appliquée (Marsden et House, 1992). Cependant, des températures élevées peuvent être appliquées à haute pression afin d'améliorer l'extraction de l'or.

1.4.6 La pression

La pression peut améliorer la dissolution de l'or en augmentant la solubilité des gaz (Ling et *al.*, 1996 ; Ellis et Senanayake, 2004). Une forte pression combinée à une température élevée pourrait améliorer le taux d'extraction de l'or.

1.4.7 La densité de la pulpe

La lixiviation est normalement effectuée à des densités comprises entre 35% et 50% en solides. Le choix de la densité optimale dépend des facteurs tels que la masse volumique des

[1] *Weight of Gold dissolved/unit of time* : Masse d'or dissout par unite de temps. *Temperature*: Température.

particules solides du minerai, de la taille des particules et la présence de minéraux affectant la viscosité de la pulpe comme les argiles. L'augmentation de la densité de la pulpe peut augmenter le temps de rétention des solides dans le réacteur pour un meilleur rendement d'extraction. En outre, une densité élevée de la pulpe peut réduire la consommation de réactifs (Marsden and House, 1992).

1.4.8 L'agitation

L'agitation est l'un des facteurs clés de la lixiviation de l'or, vu que la vitesse de dissolution de l'or dépend de l'épaisseur de la couche de diffusion et des propriétés de mixage de la solution (Marsden et House, 1992). De ce fait, l'agitation devrait être suffisante pour maintenir en suspension toutes les particules de la pulpe. L'augmentation de la vitesse d'agitation peut améliorer la vitesse de dissolution de l'or car cela permet d'une part de diminuer l'épaisseur de la couche de diffusion et d'autre part d'atteindre des niveaux élevés d'oxygène dissous (Ellis et Senanayake, 2004).

1.4.9 Présence de minéraux sulfurés et autres ions en solution

1.4.9.1 Effet des minéraux sulfurés

Un minéral sulfuré contient l'ion soufre (S^{2-}) comme anion principal. La plupart des sulfures métalliques se décomposent facilement dans une solution aérée de cyanure alcaline. Les minéraux sulfurés sont également oxydés pour former du thiocyanate ou peuvent réagir avec l'oxygène pour former des sulfites (SO_3^{2-}) et des sulfates (SO_4^{2-}) (Marsden et House, 1992). Les ions soufre sont fortement adsorbés sur les surfaces d'or formation d'un film de sulfure d'or qui passive la surface de l'or et retarde donc sa dissolution (Kondos et *al.*, 1995). Cependant, concernant l'effet des minéraux sulfurés sur la dissolution de l'or, il a été constaté qu'il dépend des types de minéraux et des niveaux d'oxygène dans la solution (Liu et Yen, 1995).

Yen et Aghamirian (2002) ont étudié les avantages de l'utilisation d'une concentration élevée d'oxygène dans la pulpe contenant des minéraux sulfurés et leurs ions dissous. L'étude a suggéré que les minéraux sulfurés pourraient être divisés en trois groupes en fonction de leurs effets sur la lixiviation de l'or : un groupe qui a un effet négatif (stibnite, chalcocite et pyrrhotite) ; un groupe qui ne réduit pas sérieusement ni améliore considérablement la lixiviation de l'or (pyrite, chalcopyrite, arsénopyrite et sphalérite) ; et un groupe qui améliore la lixiviation de l'or (galène).

L'effet de la galène (PbS) sur la vitesse de dissolution de l'or est très différent de ceux des minéraux sulfurés discutés plus haut. L'ajout de galène provoque une augmentation du taux de dissolution de l'or dans les conditions atmosphériques à 8 ppm O_2. Cela est dû au fait que seulement une petite quantité d'ions métalliques est dissoute. L'effet positif se retrouve également dans l'arsénopyrite (FeAsS). En revanche, le taux de dissolution de l'or diminue lorsque le niveau d'oxygène est élevé, 20 ppm O_2, où la galène et l'arsénopyrite sont très solubles. Le taux de dissolution de l'or est donc réduit. Le taux est presque nul dans la pulpe de galène à 32 ppm O_2 (Liu et Yen, 1995).

On pourrait conclure que les effets accélérateurs et retardateurs des minéraux sulfurés sont associés à la solubilité de ces minéraux dans une solution de cyanure. La consommation de cyanure augmente avec l'augmentation de la solubilité des minéraux et donc le taux de dissolution de l'or diminue.

1.4.9.2 Effet des ions cuivre

Les minéraux de cuivre peuvent se dissoudre pour former une variété de complexes de cyanure de cuivre tels que CuCN, $Cu(CN)_2^-$, $Cu(CN)_3^{2-}$ et $Cu(CN)_4^{3-}$ à des rangés spécifiques de pH (de Andrade Lima et Hodouin, 2005). La formation des ions cuivre et autres composés dépendent du ratio cyanure : cuivre et du pH. La dissolution du cuivre est indésirable car elle consomme du cyanure et de l'oxygène (Marsden et House, 1992). Une concentration adéquate de cyanure libre dans la solution peut empêcher l'effet du cuivre. Un ratio cyanure **:** cuivre d'environ 3 est considéré comme optimal pour maintenir un taux élevé de lixiviation de l'or. Lorsque le ratio cyanure : cuivre est d'environ 2,5, le taux de lixiviation de l'or est faible (Dai et Jeffery, 2006).

1.4.9.3 Effet des ions fer

Les oxydes de fer, tels que l'hématite (Fe_2O_3) et la magnétite (Fe_3O_4) et les silicates de fer, sont normalement insolubles dans les solutions alcalines de cyanure. Les carbonates de fer, par exemple la sidérite ($FeCO_3$) et d'autres minéraux carbonatés peuvent se décomposer en solution de faible d'alcalinité ou à pH inférieur à 10, mais ne réagissent pas à des valeurs de pH élevées.

Les sulfures de fer se décomposent fortement dans les solutions alcalines de cyanure pour former des complexes de cyanure de fer et diverses espèces de soufre. Ils peuvent réduire le taux de dissolution de l'or à travers le formation d'un film de passivation d'hydroxyde de fer (III) à la surface des particules d'or (Marsden et House, 1992). La pyrrhotite ($Fe_{1-x}S$) en particulier est un grand consommateur de cyanure et d'oxygène car il peut former l'ion ferrocyanure très stable $[Fe(CN)_6]^{4-}$ (de Andrade Lima et Hodouin, 2005). Cependant, il a été indiqué que la présence des ions ferrocyanure à concentration élevée a un effet positif sur la dissolution de l'or (Aghamirian et Yen, 2005).

1.4.9.4 Effet des ions de plomb

Dans plusieurs études, il a été présenté que l'ajout de solution de plomb, par exemple le nitrate de plomb ($Pb(NO_3)_2$), est capable d'améliorer la cinétique de lixiviation de l'or. Deschênes et Prud'homme (1997) ont montré que le nitrate de plomb peut réagir de différentes manières. Ils ont observé que le nitrate de plomb peut activer la surface passivée des particules d'or, empêcher une formation de film de passivation sur la surface de l'or et aussi précipiter le soufre dissous.

L'ajout de solution de plomb est efficace pour la lixiviation de certains minerais sulfurés. Kondos et *al.* (1995) ont indiqué que l'excès de plomb peut précipiter les minéraux de sulfure en solution sous forme de PbS. Deschênes et *al.* (2000) ont également démontré que la présence d'ions plomb sous forme de nitrate de plomb, sulfure de plomb et sulfite de plomb, accélèrent la dissolution de l'or. La figure 15 illustre l'effet de l'ajout de nitrate de plomb sur un minerai d'or contenant la pyrite, la pyrrhotite et la chalcopyrite.

Cependant Kondos et *al.* (1995) ont également montré que des concentrations très élevées de nitrate de plomb peuvent réduire le taux d'extraction de l'or. Ils ont conclu que l'addition du nitrate de plomb simultanément avec de l'oxygène était plus efficace sur la lixiviation.

En résumé, parmi les nombreux paramètres qui affectent le taux de dissolution de l'or, la concentration de cyanure et d'oxygène dissous ont un effet dominant (Srithammavut, 2008). L'augmentation des concentrations de ces réactifs peut améliorer le taux de dissolution de l'or. La petitesse de la taille des particules d'or joue un rôle important dans la dissolution car elle augmente la surface de contact entre le soluté et la solution. D'après la littérature, la présence d'autres minéraux, en particulier les minéraux de sulfures, peuvent retarder la dissolution de l'or car ils augmentent consommation de cyanure. Le pré-traitement oxydatif peut être utilisé avant la lixiviation pour atténuer l'effet de ces minéraux.

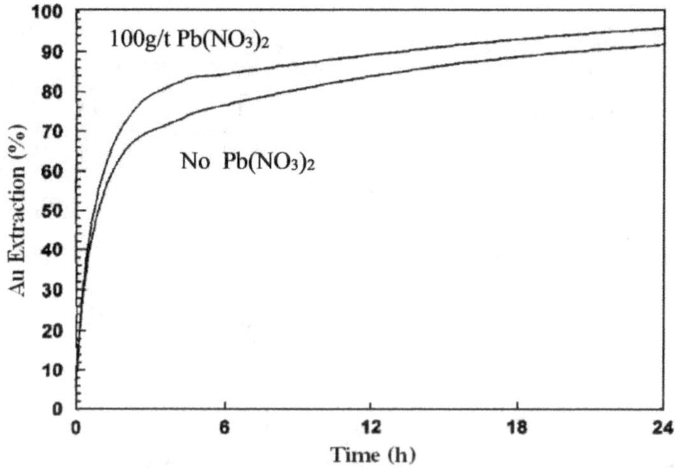

Figure 15[1]. Effet de l'ajout de nitrate de plomb sur le minerai d'or contenant la pyrite, la pyrrhotite et la chalcopyrite (Deschênes et *al.* 2000).

1.5 Description des circuits de cyanuration de l'or

L'adsorption de l'or des solutions aqueuses sur le charbon actif est apparemment connue depuis 1847 (Fleming, 1992). Les circuits *Carbon-in-pulp* (CIP) et *Carbon-in-leach* (CIL) ont été les principales méthodes de récupération de l'or utilisées dans le monde. En 2004, ces méthodes comptaient pour environ 42% ; les circuits *Resin-in-pulp* (RIP) et *Resin-in-leach* (RIL) occupaient 4% tandis que la séparation solide-liquide et le procédé de Merill-Crowe représentaient 4% de la production mondiale (Marsden et House, 2006). La fonte directe et les autres méthodes de récupération sont utilisées pour le reste de la

[1] *No $Pb(NO_3)_2$* : Sans nitrate de plomb. La deuxième courbe est obtenue avec 100 g/t de nitrate de plomb.

production. Les sections qui suivent décrivent les méthodes CIL et CIP ; ces méthodes étant les plus couramment employées.

1.5.1 Description du circuit CIP

Bien que l'ère du CIP ait commencé à la fin des années 1970, l'utilisation du carbone pour la récupération de l'or était connue et appliquée beaucoup plus tôt. L'application moderne du charbon actif comme alternative au processus de Merrill-Crowe (*Zinc cementation*) a vu le jour aux États-Unis. Le premier circuit CIP a été introduit au Carlton Mill, Cripple Creek, au Colorado en 1951. Le circuit CIP comprend deux principales étapes qui sont l'étape de lixiviation suivie de l'adsorption par le charbon actif comme le montre schématiquement la figure 16.

1.5.1.1 L'étape de la lixiviation

La taille des particules du minerai est d'abord réduite (typiquement 80% passant 75µm) au cours de l'étape de comminution décrite dans le chapitre 5. Après broyage, la pulpe est normalement diluée (environ 12% en masse de particules), elle est rendue plus dense (*Thickening* ou *Dewatering*), à environ 50% en masse de solide avant l'étape de la lixiviation.

Le cyanure et un oxydant tel que l'air ou l'oxygène pur sont ajoutés après l'épaississement. La création d'un grand nombre de petites bulles d'oxygène et leur dispersion dans la pulpe à une profondeur suffisante fournit la concentration d'oxygène nécessaire pour la dissolution de l'or (Ellis et Senanayake, 2004). Le pH de la pulpe est normalement ajusté, en fonction du type de minerai et des conditions d'opération, typiquement entre 10,5-11,5 (voir la figure 12) par ajout d'oxyde de calcium (CaO).

Dans un circuit CIP typique, la lixiviation se déroule dans une série de réservoirs agités (la figure 17 illustre le dispositif d'agitation), environ six réservoirs, chacun ayant un temps de rétention d'environ une heure. L'oxygène pur ou l'air naturel est injecté à la partie inférieure du réservoir de lixiviation sous forme de bulles (Brison et al., 1989). La concentration en cyanure dans les réservoirs est fonction du type de minerai et décroît du premier au dernier réservoir. Dans le cas des minerais d'or *free milling* avec peu ou pas de sulfure, une faible concentration en cyanure est utilisé (90-150 mg/l NaCN) (Deschênes et Putz, 1995).

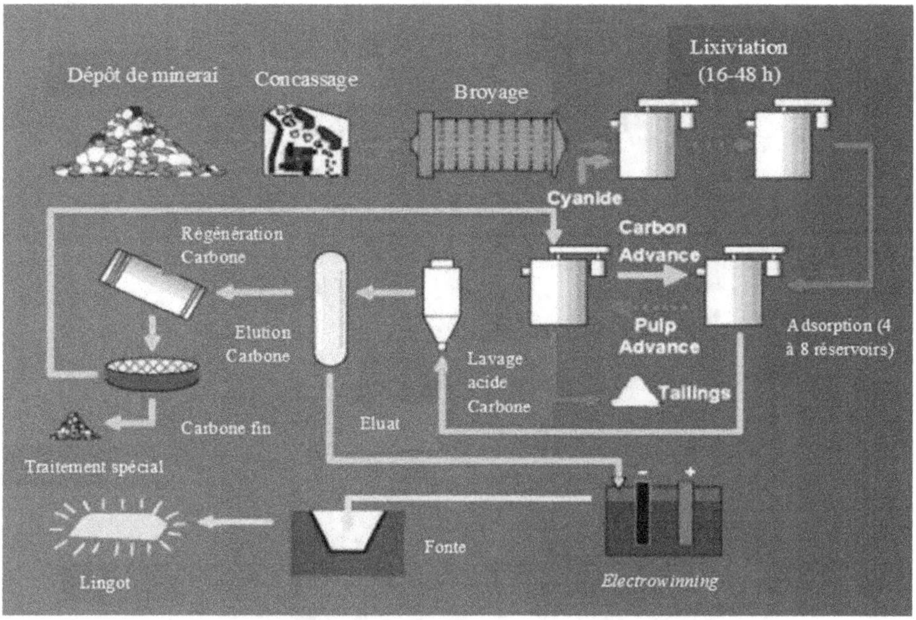

Figure 16[1]. Schéma du principe d'une usine CIP moderne (Fleming, 2004).

1.5.1.2 L'étape d'adsorption

Le carbone actif ou charbon activé est le plus largement utilisé comme adsorbant en raison de ses propriétés efficaces ; par exemple elle a une grande surface spécifique (environ 1 000 m^2/g) et une forte capacité d'adsorption (Rees et *al.*, 2000). Différents types de charbon actif peuvent être utilisés. Cependant, il est souvent préférable d'utiliser du charbon de noix de coco granulaire activé car il est plus dur que la plupart des autres types disponibles. Il est plus résistant à la casse et à l'abrasion et a une grande capacité de chargement (Yalcin et Arol, 2002).

[1] *Cyanide* : Cyanure. *Carbon advance* : Sens d'écoulement du carbone. *Pulp advance* : Sens d'écoulement de la pulpe. *Tailings* : Résidus.

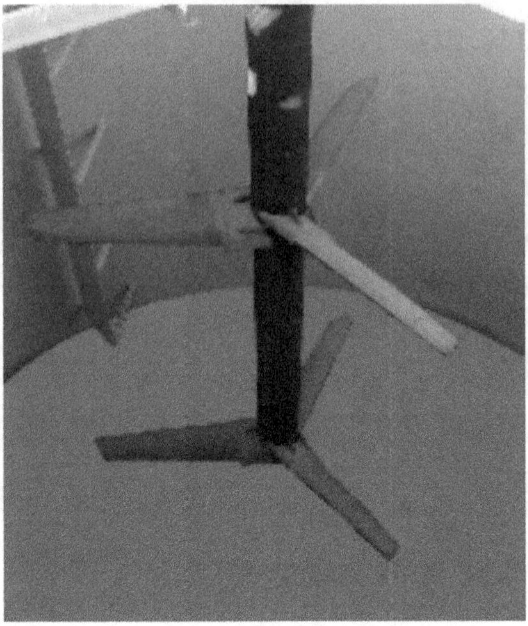

Figure 17. Dispositif d'agitation dans un réservoir de lixiviation (*Metalliferous Mining-Processing, Leaching and Adsorption Resource Book*).

Il est admis que l'adsorption de l'or sur charbon actif est un phénomène complexe. Le mécanisme de l'adsorption de l'or à partir des solutions de cyanure n'a pas encore été entièrement expliqué. De nombreuses études ont proposé un certain nombre de mécanismes qui peuvent être divisés en quatre catégories (Marsden et House, 1992 ; Vegter, 1992) :

- Adsorption sous forme d'ion aurocyanure $[Au(CN)_2^-]$;
- Adsorption sous forme de AuCN moléculaire ;
- Réduction et adsorption sous forme d'or métallique ;
- Adsorption en association avec un cation métallique tel que Ca^{2+}.

Le mécanisme de récupération de l'or des solutions de cyanure est présenté dans l'équation (8). Le cyanure d'or dissous est adsorbé en tant que paire d'ions de cyanure d'or cationique (McDougall, 1985 ; Marsden et House, 1992 ; Vegter, 1992).

$$M^{n+} + nAu(CN)_2^- \leftrightarrow M^{n+}[Au(CN)_2^-]n \qquad (8) ;$$

où la paire d'ions, M^{n+} $[Au(CN)_2^-]n$, est l'espèce d'or adsorbée. M peut être l'hydrogène (H), le sodium (Na), le potassium (K) et le calcium (Ca).

L'équilibre de la réaction d'adsorption est influencé par de nombreux facteurs, tels que la température, la concentration en or, la présence de solvant organique, le type de cations dans la solution et la force ionique de la solution (Vegter, 1992).

Dans le circuit, chaque réservoir contient du charbon actif dont la taille des grains est en général de 1,7×3,4 mm, 1,2×3,4 mm et 1,2×2,4 mm. Les réservoirs contiennent normalement de 10 à 25 grammes de carbone par litre de pulpe (0,5 à 1,2% en volume de carbone) (Marsden et House, 1992).

La pulpe est agitée et s'écoule par gravité d'un réservoir à l'autre par débordement. La solution entre en contact avec le charbon actif dans le premier réservoir. Du charbon frais (*Fresh carbon*) ou du carbone réactivé (*Regenerated carbon*) est introduit dans le dernier réservoir du circuit et est transféré à contre-courant par rapport au sens d'écoulement de la pulpe de façon continue ou périodique.

Le carbone est conservé dans chaque réservoir à l'aide de filtres intermédiaires (*Inter-stage screens*) de mailles 0,6 à 0,8 mm qui permet à la pulpe de circuler à travers et hors du réservoir tout en conservant le carbone dans le réservoir (Stange, 1999). La pulpe appauvrie (*Tails*) est déchargée à la sortie du dernier réservoir du circuit et acheminé dans le parc à résidu (illustration à la figure 16). Au moment où la pulpe sort du dernier réservoir d'adsorption la concentration en or de la solution aqueuse doit être normalement entre 0,001 et 0,02ppm. Cela représente un taux de récupération d'or de 90 à 99%. Les valeurs de carbone chargé vont de 300 à 20 000 g/t Au.

Le carbone chargé d'or (*Loaded carbon*) est traité par une étape d'élution pour désorber les métaux qui sont ensuite récupérés par le processus d'électrodéposition (*electrowinning*). Le carbone élué ou appauvri (*Barren carbon*) est régénéré avec la chaleur et de l'acide pour éliminer les contaminants (voir plus de détails sur la réactivation du carbone au paragraphe 2 du chapitre 9). Après cela, il est remis en circulation dans le circuit.

1.5.1.3 Evaluation de la qualité du carbone actif

La majorité du charbon actif utilisé pour la récupération de l'or est soit du charbon de noix de coco granulaire, soit du carbone extrudé à base de tourbe. Lors de la sélection d'un charbon actif, les considérations importantes à prendre en compte sont : la cinétique de chargement de l'or (activité), la capacité de chargement de l'or, la cinétique de l'élution, le niveau à partir duquel l'or peut être élué, la force et la résistance à l'abrasion, la distribution granulométrique et la densité humide.

Les propriétés d'un échantillon de charbon actif particulier auront un impact sur la plupart des aspects de l'opération de récupération de l'or, affectant les variables telles que l'inventaire du carbone (quantité utilisée), la durée de rétention (dans les réservoirs de lixiviation), les pertes d'or, les pertes de carbone et les conditions d'élution. Par conséquent, il convient de tenir dûment compte propriétés physiques et chimiques du carbone vierge lors de la sélection d'une marque particulière pour la récupération des métaux précieux (Adams, 2005).

1.5.2 Description du circuit CIL

Le procédé conventionnel de CIL est similaire au procédé CIP, sauf que les étapes de lixiviation et d'adsorption se déroulent simultanément dans les mêmes réservoirs. Du carbone est ajouté dans le réservoir de lixiviation afin que l'or puisse être adsorbé dès qu'il est dissous dans la solution de cyanure.

Le processus CIL est principalement utilisé pour traiter les minerais contenant de la matière organique et des espèces *preg-robbing* (espèces carbonées dans le minerai susceptibles de voler les ions aurocyanure de la solution), les minerais argileux et d'autres espèces minérales comme le graphite (de Andrade Lima, 2007 ; Ibragimova et *al.*, 2007). Le processus a l'avantage de réduire le coût d'investissement que les systèmes séparés de lixiviation et d'adsorption et améliore également le taux d'extraction de l'or par la présence de carbone.

Le processus CIL est une bonne alternative, mais il a aussi quelques inconvénients. Par exemple, il nécessite l'utilisation de plus grandes quantité de carbone. Les pertes de carbone et d'or dues à l'attrition du carbone sont plus élevées et la charge en or du carbone est plus faible que dans le processus CIP ; ce qui signifie qu'il faut éluer plus de carbone (Marsden et House, 1992).

Dans un circuit CIL typique, la pulpe passe généralement par une série d'environ six réservoirs agités, chacun ayant un temps de rétention d'environ quatre heures (Brison et *al.*, 1989). Le charbon actif est mélangé à la pulpe de minerai dans les réservoirs de lixiviation agités.

Le charbon s'achemine à contre-courant par rapport à la pulpe contenant l'or, le cyanure et l'oxygène dissous. La pulpe lixiviée s'écoule par gravité vers les derniers réservoirs tandis que le carbone est transféré périodiquement vers les premiers. Dans le premier réservoir de la série, la lixiviation de la pulpe fraîche est l'activité principale tandis que le dernier réservoir, l'adsorption de l'or sur le charbon actif fraichement introduit est dominante car la concentration de l'or en solution augmente.

La pulpe passe ensuite à travers les mailles de tamis intermédiaires de la même manière que dans le processus CIP. L'ouverture des tamis permet à la pulpe lixiviée de passer par gravité tandis que le carbone est retenu. Le carbone chargé passe à travers un tamis où la pulpe est tamisée ; et est ensuite élué puis régénéré pour restaurer son activité avant sa réutilisation.

1.5.3 La cyanuration à haute pression et/ou température élevée

La cyanuration à pression oxydative directe a récemment été présentée comme une nouvelle technologie où la haute pression est la condition principale de fonctionnement. Cette technologie améliorée est appliquée dans des autoclaves où l'oxydation et la dissolution de l'or peuvent se dérouler simultanément. La lixiviation à haute pression peut également être utilisée pour le traitement des concentrés d'or réfractaire de pyrite. Les réactions se déroulant à haute pression empêchent également la formation de couche de soufre élémentaire, permettant ainsi au cyanure et à l'oxygène dissous de pénétrer dans l'or (Parga et *al.*, 2007).

Il a été constaté que la cyanuration à pression oxydative peut être effectuée à température inférieure à 120°C et à une pression d'environ 1 000 kPa (Corrans et *al.*, 1993 ; Hourn et *al.*, 1999). Sundkvist (2002) a montré que des rendements élevés de la récupération de l'or, 95% environ, a été obtenue dans plusieurs essais à des températures entre 60 et 80°C. Le meilleur taux de récupération de l'or a été obtenu dans les conditions de température de 75°C et de pH 11 à 11,5. Parga et *al.* (2007) ont également expérimenté que l'augmentation de la température au-dessus 80°C diminue le taux d'extraction de l'or car l'oxydation des ions cyanure est trop rapide.

La figure 18 illustre le pourcentage d'extraction d'or dans les conditions de cyanuration à haute pression par rapport aux conditions ambiantes.

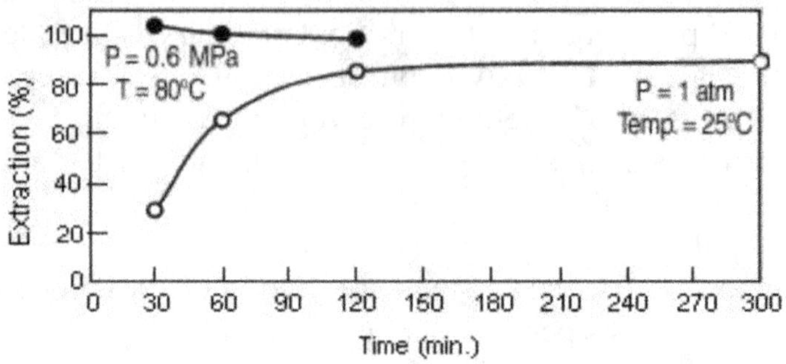

Figure 18. Comparaison des taux d'extraction de l'or aux conditions ambiantes et à haute pression. Condition : % solide = 20 ; pH = 11 ; vitesse = 300 min^{-1} (Parga et *al.*, 2007).

1.5.4 La cyanuration intensive

La cyanuration intensive est une technologie éprouvée, adaptée aux concentrés d'or, elle fonctionne sous forte concentration de réactifs, forte pression et/ou à des températures élevées. Elle s'applique aux concentrés de gravité contenant de l'or grossier. L'oxygène peut être introduit sous forme d'air, d'oxygène pur ou d'un mélange des deux pour obtenir une pression partielle d'oxygène élevée (Marsden et House, 1992). Le tableau 4 présente les différentes conditions de lixiviation entre la cyanuration intensive et conventionnelle.

Les réacteurs ConSep ACACIA et Gekko sont les machines les plus efficaces et les plus économiques largement utilisées actuellement dans la cyanuration intensive, avec des taux de récupération de l'or supérieurs à 95%. Ces nouveaux les appareils peuvent également réduire les coûts d'exploitation.

Tableau 4. Comparaison entre les conditions de lixiviation intensive et conventionnelle (Longley et *al.*, 2003).

Conditions	Cyanuration intensive	Cyanuration conventionnelle	Facteur
Au, g/t	20 000	2	10 000
CN, ppm	20 000	500	40
O_2, ppm	15	8	2
Vitesse, g/h/t	1 000	0.10	10 000

1.5.4.1 Le réacteur ConSep ACACIA

L'image 5 montre un réacteur ACACIA du fabricant Consep Pty Ltd. Le réacteur ACACIA fonctionne en discontinu. Le concentré d'or est d'abord lavé afin d'éliminer les solides en suspension qui ont pu être entraînés dans le processus de gravité et qui pourraient interférer avec l'étape ultérieure d'*electrowinning*. Le concentré de solides est ensuite fluidifié pendant 30 min environ. Les solides fins sont introduits sont introduits dans le compartiment de réaction et mélangé avec la solution de lixiviation qui est constituée de cyanure concentré (NaCN), de soude caustique et d'eau.

Des taux de lixiviation généralement élevés peuvent être atteints en moins de 8 h. Le cycle de lixiviation doit être achevé dans les 16 h. La solution concentrée (*Pregnant solution*) est alors transférée dans les réservoirs d'éluat pour l'*electrowinning*.

Selon l'expérience de Watson et Steward (2002) menée à des températures variant entre 50 et 65°C avec de l'eau oxygénée, les résultats montrent que l'or dans le concentré de gravité est récupéré à plus de 98% en 8 heures de lixiviation à n'importe quelle condition. Le taux de récupération le plus élevé d'or, 99,8%, a été obtenu sous les conditions suivantes : 801 de solution, 1 600 g de cyanure, 280 g de NaOH et un concentré de 1,5% Au (15 000 g/t).

Image 5. Réacteur ConSep ACACIA (Consep Pty Ltd.).

1.5.4.2 Le réacteur Gekko (*InLine Leach Reactor,* ILR)

L'ILR est un réacteur de cyanuration intensive commercialisé pour des usages continus ou discontinus. Les modèles à usage discontinue ont été développés pour traiter des concentrés de teneurs en or plus élevées, entre 1 000 et 20 000 g/t, tandis que ceux continus ont été développés pour traiter des concentrés de teneurs faibles, inférieures à 50 g/t. Le peroxyde d'oxygène ou l'oxygène gazeux peut être utilisé comme source d'oxygène. Dans les conditions typiques de fonctionnement, le niveau d'oxygène dissous doit être supérieur à 20 ppm, le pH à 13,5 et la concentration de cyanure est de 2% ou 20 000 ppm (Gekkos System Pty Ltd, 2008). La durée de lixiviation varie de 6 h à 24 h (Gray, 2000).

L'ILR fonctionne selon le même principe que le *Bottle Roll* au laboratoire. Il se compose d'un tambour horizontal tournant. Cela permet au réacteur d'agiter et de lixivier du matériau grossier, généralement jusqu'à 6 mm, à une densité élevée de solides. L'image 6 montre un réacteur Gekko. Le tambour du réacteur tourne horizontalement à une vitesse suffisante pour permettre à la solution de se mélanger avec les solides. La rotation du tambour attire l'air dans la suspension, ce qui empêche l'appauvrissement en oxygène de la pulpe pouvant entrainer une re-précipitation de l'or sur les particules d'acier.

A la fin de la lixiviation, le tambour est arrêté et la solution dans le tambour est drainée dans un réservoir. De l'eau de lavage est ajoutée dans le tambour pour rincer les restants de solution concentrée. La solution obtenue est ensuite débarrassée de ces particules fines et stockée dans des réservoirs d'éluat pour l'étape ultérieure d'*electrowinning*. Les solides lixiviés et lavés sont vidés du tambour.

Des expériences sur les performances du réacteur Gekko à usage discontinue ont été effectuées dans une mine d'or en Indonésie, avec 10 ppm d'oxygène pour une durée de 24h. Les résultats montrent des taux de récupération très élevés avec une dissolution moyenne de 99,5% d'or du concentré de gravité. Les taux de récupération d'or par *electrowinning* de la solution de lixiviation se sont élevés en moyenne à 98% pour des teneurs initiales de concentré d'or d'environ 10 000 g/t. Des teneurs en or de 50 g/t des résidus ont été régulièrement obtenus (Longley et *al.*, 2003).

2. ALTERNATIVES A L'UTILISATION DU CYANURE COMME LIXIVIANT

L'impulsion majeure dans la recherche de lixiviants alternatifs au cyanure provient des risques environnementaux posés par la toxicité du cyanure ; incitant de nombreux organismes de défense de l'environnement à travers le monde à militer activement pour l'interdiction de son utilisation.

Plus de 25 procédés de lixiviants alternatifs au cyanure ont été testés en laboratoire et certains ont connu un succès dans des utilisations spécifiques. Ce chapitre se focalise sur les procédés les plus attractifs, en mettant l'accent sur les publications depuis 1995. La plupart des travaux se sont concentrés sur les systèmes de lixiviation au thiosulfate, à la thiourée et aux halogénures.

Malgré les nombreuses recherches et les essais dans des usines pilotes sur de nombreux lixiviants non cyanurés, aucun procédé viable n'est encore établi pour remplacer le cyanure dans l'extraction de l'or. Le procédé le plus avancé est la lixiviation par le thiosulfate dans le cas du Heap leaching des minerais carbonés preg-robbing de faible teneur de la société Newmont Mining.

Image 6. Réacteur Gekko, modèle ILR 2000 (Gray, 2000).

Un facteur clé affectant le succès commercial des lixiviants non cyanurés est la stabilité du lixiviant et du complexe aurifère en solution. De toute évidence, le complexe de cyanure est de loin le plus stable que les complexes de thiosulfate, de thiourée et du bisulfure (Adams, 2005). Par conséquent, il y a des réactions concurrentes à la dissolution de l'or avec la plupart des lixiviants alternatifs, ce qui augmente la consommation de réactifs.

2.1 Lixiviation au thiosulfate

Les préoccupations et les pressions environnementales réelles liées à l'emploi du cyanure dans les zones sensibles ont un impact sur la durabilité de l'ensemble de l'industrie de l'or. Les médias publics se souviennent des 14 incidents majeurs dans le monde au cours de ces dernières années : 10 impliquant des parcs à résidus, deux impliquant des défaillances de pipelines et deux impliquant des accidents de transport.

Ces dernières années, le thiosulfate a été considéré comme l'alternative la plus intéressante au cyanure pour la lixiviation de l'or, avec de nombreuses recherches en cours dans le monde. Cela est principalement lié à sa faible toxicité et à son potentiel d'utilisation sur des minerais carbonés *preg-robbing* qui ne peuvent pas être facilement traités par la cyanuration conventionnelle.

Les recherches au cours de ces dernières années se sont concentrées sur la compréhension et l'application du système de thiosulfate ammoniacal catalysé par le cuivre (Cu) aux minerais carbonés et aux minerais d'or riches en cuivre (Au-Cu) ; où la récupération de l'or est faible en utilisant du cyanure, ou encore que la consommation de cyanure est élevée. Malheureusement, aucun projet pilote n'a été testé ou évalué en termes de coûts sur l'application du thiosulfate sur les minerais d'or oxydés, car la récupération globale de l'or est généralement plus faible et la consommation de réactifs est plus élevée par rapport au cyanure.

L'oxydation de l'or métallique en ion Au (I) dans la solution de thiosulfate ammoniacale catalysée par le Cu (II) est décrite selon l'équation bilan (9) (Adams, 2005).

$$Au + 5S_2O_3^{2-} + Cu(NH_3)_4^{2+} \rightarrow Au(S_2O_3)_2^{3-} + 4NH_3 + Cu(S_2O_3)_3^{5-} \quad (9)$$

En général, la vitesse initiale de lixiviation avec une solution de thiosulfate 0,1 M contenant 10 mM Cu (II) et 0,4 M de NH_3 était similaire à celle avec une solution de cyanure 5 mM (250 mg/*l* NaCN) saturée en air. La vitesse dépend des concentrations en Cu (II), en thiosulfate et en ammoniac et elle est plus rapide avec des concentrations plus élevées de réactifs. Malheureusement, la dégradation des réactifs est également beaucoup plus rapide, et cela conduit à une diminution du taux de lixiviation en raison de la passivation de la surface d'or par certains produits de réaction non identifiés (Breuer et Jeffrey, 2008).

L'un des problèmes majeurs de la lixiviation au thiosulfate des minerais d'or est le consommation élevée de réactifs pendant la lixiviation et la formation de polythionates, qui sont facilement absorbés sur les résines et altèrent la récupération de l'or de la solution. La forte consommation de thiosulfate est principalement due à son oxydation en solution, bien que les pertes par absorption sur les minéraux ou par dégradation bactérienne ne puissent être exclues. Le thiosulfate est un anion métastable qui peut subir une décomposition chimique en fonction du potentiel et du pH de la solution en présence de cuivre comme catalyseur. Il a été également reconnu qu'il était nécessaire de limiter la concentration de cuivre en solution car le Cu (II) dégrade le thiosulfate, entraînant des pertes élevées de réactifs.

Dans l'ensemble, il n'y a pas de composition optimale convenue pour la lixiviation des minerais d'or dans le système thiosulfate ammoniacal car chaque minerai semble nécessiter des concentrations spécifiques de cuivre, d'ammoniac, d'oxygène dissous et de thiosulfate pour maximiser la récupération de l'or. Cela peut être attribué en partie aux différentes minéralogies et surface spécifique, ainsi que la réactivité du cuivre et des autres espèces sur les surfaces minérales de la gangue. Des concentrations élevées de réactifs permettent surmonter ce problème, mais conduisent à une consommation excessive de réactifs posant ainsi des problèmes économiques et environnementaux pour toute future usine.

Bien que le thiosulfate soit généralement considéré comme relativement non toxique, il est également métastable et peut se décomposer en polythionates et en sulfates en présence d'oxygène ou en ions sulfure toxiques dans des conditions anaérobiques ou réductrices. L'ammoniac pose également des problèmes environnementaux et est toxique qu'il soit sous forme gazeuse dans l'air et ou dissous en solution.

Afin de surmonter les problèmes environnementaux et économiques de l'ammoniac et la dégradation chimique du thiosulfate par le Cu (II), Ji et *al.* (2003) ont examiné un nouveau système thiosulfate-oxygène sans ammoniac et sans cuivre. Il a été constaté que plus de 80% de l'or était facilement lixivié en moins de 6h, à des températures élevées (60-80°C) et pression d'oxygène élevées (10-100 psi), à partir du minerai carboné *preg-robbing* testé. Dans ces conditions la dégradation du thiosulfate était relativement faible ; une partie de l'or a reprécipité au cours du traitement. D'autres travaux ont montré que la passivation de l'or était plus grave en l'absence d'ammoniac (Zhang et Nicol, 2003). Il faut donc plus de travaux sur ce système potentiellement attractif pour établir sa viabilité à d'autres minerais.

Il ne fait aucun doute que malgré ses lacunes, le thiosulfate est une alternative au cyanure pour le traitement des minerais carbonés où la récupération l'or est faible. Il peut également être intéressant pour le traitement des minerais réfractaires de cuivre-or et des minerais qui consomment beaucoup de cyanure. Cependant, pour les minerais d'oxydes simples, des recherches supplémentaires sont nécessaires sur les oxydants et additifs alternatifs pour surmonter la passivation afin d'améliorer la récupération de l'or et réduire les coûts des réactifs de manière comparable à ceux du cyanure. Jusqu'à ce que certains de ces problèmes soient résolus, il y a peu de chance de passer des usines existantes du cyanure au thiosulfate, sauf pour le traitement des minerais carbonés.

2.2 Lixiviation à la thiourée

L'intérêt pour l'utilisation de la thiourée dans la lixiviation de l'or est survenue dans les années 80 et au début des années 90. Newmont Mining et Barrick Gold ont examiné de près la lixiviation par la thiourée en tant que procédé potentiel de traitement des minerais réfractaires. Au cours des dernières années, l'intérêt pour cette approche de lixiviation a diminué en raison des potentielles propriétés cancérigènes de la thiourée.

En pratique, la lixiviation par la thiourée de l'or est généralement effectuée à des concentrations de thiourée de 0,13 M (10 g/*l*), des concentrations d'ions ferriques de 0,09 M (5 g/*l*), des pH de 1 à 3 et à des potentiels compris entre 0,4 et 0,45 V. L'équation bilan de la réaction qui décrit la dissolution de l'or dans la solution de thiourée et d'ion ferrique est :

$$Au + 2NH_2CSNH_2 + Fe^{3+} \leftrightarrow [Au(NH_2CSNH_2)_2]^+ + Fe^{2+} \qquad (10)$$

Plusieurs oxydants, dont l'ion ferrique, le peroxyde d'hydrogène, le dioxyde de manganèse et l'ozone ont été examinés, mais l'ion ferrique est le plus couramment utilisé (Sparrow et Woodcock, 1995). La réaction de lixiviation de l'or est très sensible au pH et au potentiel redox (Kenna et Moritz, 1991). De plus, la thiourée est intrinsèquement instable et se décompose rapidement en des substances qui ne peuvent pas lixivier l'or. Tremblay et *al.* (1996) ont conclu que pour limiter la décomposition de la thiourée et optimiser l'extraction de l'or, il fallait maintenir le potentiel de lixiviation entre 0,42 et 0,45 V. Ainsi, un contrôle minutieux du potentiel de la solution est nécessaire.

Des taux de lixiviation jusqu'à 10 fois plus rapides que le cyanure ont été signalés, avec l'argent et l'or. Les minerais contenant de la pyrite ou la chalcopyrite présentent également une vitesse de dissolution de l'or plus rapide (van Deventer et *al.*, 1990). Cependant, la thiourée forme également des complexes stables avec certains métaux de base tels que le cuivre et, dans une moindre mesure, le plomb et le zinc (Alodan et Smyrl, 1998), qui peuvent augmenter la consommation de la thiourée.

Le soufre élémentaire et le sulfure d'hydrogène sont des espèces indésirables pendant la lixiviation de l'or. On pense que ces deux espèces provoquent une diminution du taux de lixiviation en raison de la passivation des surfaces des particules d'or ; le sulfure d'hydrogène peut provoquer une nouvelle précipitation de l'or (Sparrow et Woodcock, 1995 ; Munoz et Miller, 2000). Pour lutter contre la perte de thiourée, plusieurs chercheurs ont utilisé l'ajout de dioxyde de soufre ou de quantités importantes de sulfite.

Le lavage à l'eau et avec des concentrations variables d'acide sulfurique avant la lixiviation ont été jugé avantageux par plusieurs chercheurs (par exemple, Lacoste-Bouchet et *al.*, 1998 ; Deng et *al.*, 2001). La valeur de cette approche variait d'un minerai à l'autre ; cependant, il a été démontré que le prétraitement à l'acide, non seulement débarrasse facilement les métaux lixiviables, mais aussi permet de stabiliser plus rapidement la thiourée pour éviter la consommation inutile de réactifs due à la précipitation des métaux de base.

L'avantage est que les minerais de sulfure prétraiter à l'acide peuvent être directement lixiviés avec de la thiourée sans l'étape de neutralisation qui serait nécessaire pour la lixiviation au cyanure. La lixiviation à la thiourée a également été appliquée à des minerais oxydés avec des résultats mitigés (Ubaldini et *al.*, 1998 ; McNulty, 2001). La plupart des applications réussies ont été effectuées sur des minerais de forte teneur en cyanicides tels que l'antimoine ou les minerais sulfurés ayant subi l'oxydation bactérielle ou la lixiviation sous pression.

La consommation élevée de thiourée, d'acide (pour le contrôle du pH), de peroxyde et de dioxyde de soufre (pour le contrôle de potentiel Eh) font que le coût global de traitement par la thiourée est entre 1,5 et 2 fois plus élevé que le coût de la cyanuration pour le même minerai.

La thiourée étant étiquetée comme potentiellement cancérogène, il est difficile de la voir comme alternative pour le cyanure dans un avenir proche. Des recherches approfondies sur tous les aspects de la lixiviation ont été évaluées et, même s'il y en aurait des applications quelques fois avantageuses, il semble que la sensibilité des conditions de lixiviation ne serait pas un choix évident par rapport à d'autres alternatives.

2.3 Lixiviation aux halogénures

Le chlore, le brome et l'iode sont des lixiviants bien connus pour la lixiviation de l'or, comme récemment revu par Tran et *al.* (2001). La chloration a été largement utilisée pour prétraiter les minerais réfractaires et carbonés dans plusieurs usines aux États-Unis dans les années 1980 (Marsden et House, 1992). Le regain d'intérêt pour l'utilisation des halogénures en tant que lixiviant pour la lixiviation de l'or est survenu dans les années 90 après plusieurs brevets basés sur les systèmes brome/bromure (Pesic et *al.*, 1992 ; Tran et *al.*, 2001).

Pour les minerais complètement oxydés, les processus de lixiviation à base de chlorure ont un net avantage dans les applications où une vitesse de dissolution élevée est requise. Cependant, les halogènes se sont révélés très réactifs avec d'autres minerais, en particulier les sulfures. Dans des conditions typiques de lixiviation aux halogénures, la consommation de réactifs serait très élevée si le minerai contient une quantité importante de minéraux.

Les conditions typiques utilisées pour la lixiviation de l'or par les halogènes sont énumérées dans le tableau 5. Dans tous les procédés de lixiviation aux halogènes, des conditions de forte oxydation sont requises. L'équation 11 décrit la réaction de l'or avec le chlore ou le brome.

$$2Au + 3X_2 + 2X^- \leftrightarrow 2AuX_4^-$$

où X = Chlore (Cl) ; Brome (Br).

Tableau 5. Conditions typiques utilisées dans la lixiviation de l'or avec des halogénures (Adams, 2005).

Réactif	Ligand	Oxydant	Complexe	Conditions de lixiviation	pH
Chlore	Cl^-	Cl_2 ou HClO	$AuCl_4^-$	5-10 g/*l* Cl_2 ; 5-10 g/*l* NaCl	<3
Brome	Br^-	Br_2	$AuBr_4^-$	2-5 g/*l* Br_2 ; 0-10 g/*l* NaBr	5-8
Iode[1]	$\mathbf{I}^-$	$\mathbf{I}_2$	$Au\mathbf{I}_2^-$	1 g/*l* $\mathbf{I}_2$; 9 g/*l* Na**I**	5-9

Dans le système iode (**I**), l'iode réagit avec l'iodure ($\mathbf{I}^-$) en solution aqueuse pour former les ions $\mathbf{I}_3^-$ avec des complexes Au (I) plutôt que des complexes Au (III). Le complexe Au (III) n'est pas stable car cet ion oxyde l'ion iodure en iode et le complexe Au (III) est réduit en complexe Au (I) comme l'indique l'équation bilan 12.

$$2Au + \mathbf{I}_3^- + \mathbf{I}^- \leftrightarrow 2Au\mathbf{I}_2^- \quad (12)$$

Contrairement au cyanure d'or, qui est très stable et ne se décompose pas facilement dans la plupart des solutions, la stabilité des complexes d'halogénures d'or dépend du pH de la solution, de la composition (concentration en halogénure), du potentiel de la solution et de la présence de réducteurs (tels que les métaux et les minéraux sulfurés) dans le minerai. Une quantité résiduelle d'oxydant est nécessaire pour maintenir un potentiel élevé de la solution et éviter la précipitation de l'or métallique à partir de la solution (Tran et *al.*, 2001).

Le taux de dissolution de l'or peut être très élevé et dépend du pH de la solution et des concentrations de lixiviant et d'oxydant (Sergent et *al.*, 1992 ; Tran et *al.*, 2001). Globalement, la stabilité des halogénures est de l'ordre de **I** > Br > Cl, alors que la vitesse de réaction est de l'ordre Cl > Br > **I**.

[1] L'écriture en caractère gras "**I**" a été utilisée pour différencier l'élément chimique **Iode** du degré d'oxydation "I".

La stabilité du complexe de chlorure d'or $AuCl_4^-$ dépend fortement du pH de la solution et nécessite des niveaux élevés d'ions chlorure et de chlore, une température élevée et une surface spécifique élevée de minerai. Le complexe n'est stable qu'à $pH < 3$ à moins qu'une concentration en chlorure de sodium supérieure à 100 g/*l* soit maintenue. Comme le complexe d'or dissous est instable et se précipite à nouveau au contact des réducteurs tels que les matériaux sulfurés ou les métaux, l'application de la lixiviation au chlore se limite à l'extraction de l'or des minerais oxydés.

Lorsque le minerai contient une teneur élevée en argent, la dissolution de l'or peut s'avérer lente si la concentration en chlorure de la solution est faible à cause de la formation d'un film passivant de chlorure d'argent insoluble (AgCl) (Sparrow et Woodcock, 1995). Par conséquent, des concentrations plus élevées de chlorure en solution sont nécessaires pour solubiliser le produit relativement insoluble de chlorure d'argent. Par conséquent, la lixiviation au chlore n'est pas idéalement adaptée au traitement de minerais dans lesquels l'argent a une valeur primaire.

La lixiviation au brome entraîne une dissolution rapide de l'or dans des conditions de pH presque neutre. En raison du potentiel Eh élevé requis pour la dissolution, par rapport à la lixiviation au cyanure, le complexe de bromure d'or est instable et nécessite l'ajout d'un oxydant puissant tel que le brome (Br_2). Il a été démontré que la dissolution de l'or dépend du ratio des concentrations $[Br_2]/[Br^-]$ en solution et des autres minéraux dans le minerai. La présence de cuivre, de zinc et d'aluminium sous forme de sulfates n'ont aucun effet sur la dissolution, mais le fer (II) et le manganèse (II) sont oxydés et consomment donc du brome.

De tous les halogènes, le complexe d'iodure d'or est le plus stable en milieu aqueux, probablement en raison de son potentiel redox plus faible par rapport aux autres halogènes. Le taux de dissolution de l'or est directement proportionnel aux concentrations d'iode et d'iodure et n'est pas très affecté par les changements de pH sur la plage de pH 2 à 10.

Le système iodure-iode n'oxyde pas normalement les sulfures métalliques tels que la chalcocite et la pyrrhotite ; permettant ainsi d'éviter une consommation excessive de réactifs. Par conséquent, il pourrait être approprié pour traiter les minéraux sulfurés. Cependant, la récupération et la régénération des espèces actives sont importantes car l'iodure et l'iode sont très chers. Une vitesse maximale de dissolution de l'or a été atteinte avec un ratio molaire des ions hypochlorite et des ions iodure $[OCl^-]/[\mathbf{I}^-]$ de 0,25 (Davis et Tran, 1992). Dans ce système, l'espèce active dissolvant l'or est $\mathbf{I}_3^-$, qui est formée par la réaction entre l'ion hypochlorite et l'ion iodure.

Un prétraitement des minerais sulfurés ou carbonés par grillage ou oxydation sous pression est normalement nécessaire avant la lixiviation au chlore ou au brome pour rendre le minerai relativement inerte, et par conséquent réduire la consommation de réactifs (Li et *al.*, 1992 ; Sparrow et Woodcock, 1995)

La lixiviation aux halogénures offre une plus grande flexibilité que la cyanuration vu que les dosages des réactifs peuvent être contrôlés pour améliorer la vitesse de dissolution et qu'elle est particulièrement efficace pour le traitement de l'or grossier dans les matériaux oxydés. La technique est adaptée à l'extraction de l'or à partir de matériaux concentrés en or tels que les dépôts cathodiques et les concentrés d'or obtenus par gravité (*Gravity concentrate*) provenant de minerais oxydés. Les procédés de chloration sont utilisés comme technique de raffinage de l'or et de l'argent en remplacement de la fusion. L'absence d'un processus de récupération similaire à la technologie de la cyanuration CIP a été le principal obstacle à l'utilisation de la lixiviation au chlorure pour l'extraction de l'or de minerais entiers.

Il existe plusieurs d'autres procédés de lixiviation de l'or que ceux décrits plus haut. Ce sont entre autres : la chloration oxydative (chlorure en présence d'oxydants tels que l'acide nitrique (HNO_3) ou les ions ferrique (Fe^{3+})), la lixiviation au sulfure/bisulfure/sulfite, la lixiviation à l'ammoniac, la lixiviation bactérienne (*Bacillus subtilis* en présence d'acide aminé tel que la glycine) ou aux acides naturels (par exemple l'acide humique) et la lixiviation au thiocyanate. Les facteurs limitants pour l'application à grande échelle de ces derniers procédés sont entre autres la stabilité des complexes d'or en solution, l'absence de données suffisantes sur le mécanisme de dissolution de l'or en solution et les coûts élevés d'investissement et d'exploitation. Des travaux de recherche supplémentaires sur ces procédés sont donc nécessaires.

Pour conclure, de tous les procédés de lixiviation disponibles, la lixiviation au thiosulfate et au chlorure semblent être les options les plus favorables pour remplacer le cyanure. Cependant, en développant un procédé alternatif, une réduction de la consommation des réactifs et des améliorations sur la récupération de l'or de la solution sont nécessaires. Des études de faisabilité sur les risques pour les travailleurs et l'environnement associés aux procédés doivent être prises en compte avant la commercialisation, en particulier dans les zones sensibles.

CHAPITRE 8

LES TECHNIQUES DE RECUPERATION DE L'OR DES SOLUTIONS FAIBLEMENT CONCENTREES

Le chapitre 7 décrit les différentes techniques de dissolution de l'or à partir du minerai. L'étape suivante dans le processus de la métallurgie est la récupération primaire de l'or dissout à partir des solutions de lixiviation ; il s'agit d'une étape de préconcentration. Ces solutions étant généralement faiblement concentrées en or et de volume élevé, cette étape primaire a pour objectif de récupérer l'or puis de le concentrer en un plus petit volume à travers une étape ultérieure d'élution (voir le chapitre 9). L'or peut être récupéré à partir de solutions faiblement concentrées par l'une (ou une combinaison) des processus suivants :

- La récupération par le charbon actif ;
- L'extraction par la résine (*Ion Exchange Resin*) ;
- L'extraction par un solvent.

1. LA RECUPERATION PAR LE CHARBON ACTIF

Voir également le paragraphe 1.5.1.2 du chapitre 7. Le charbon actif (Image 9) est une matière organique qui a une structure essentiellement graphitique (carbone). En raison de la structure des pores internes très développés, il a une très grande surface spécifique et des valeurs supérieures à 1 000 m^2/g ne sont pas rares (Marsden et House, 2006). En conséquence, le charbon actif a trouvé diverses applications industrielles dans les processus de séparation des gaz et des liquides ; cependant, son utilisation dans la récupération de l'or dans l'industrie ne s'est répandue que dans les années 80.

Les propriétés les plus importantes du charbon actif utilisé dans l'extraction de l'or sont les suivants : la capacité d'adsorption, le taux d'adsorption, la résistance mécanique et la résistance à l'usure, les caractéristiques de réactivation et la distribution granulométrique.

Le charbon produit à partir des coques de noix de coco s'est avéré être le mieux adapté pour l'adsorption en phase liquide. Le charbon actif typique de la noix de coco a une proportion en cendres de 2% à 4%, une densité de 420 à 450 kg/m^3 et surface spécifique de 900 à 1 000 m^2/g (Marsden et House, 2006). Les complexes d'or y sont fortement adsorbés. L'adsorption de complexes de cyanure d'or dans des particules de charbon poreux implique une diffusion dans les pores et une attraction sur les sites actifs.

Le processus d'adsorption peut se faire principalement à travers les circuits CIL ou CIP tels que décrits dans le chapitre 7. Elle peut également se faire à travers le circuit *Carbon-in-column* (CIC), où les solutions d'or filtrées percolent à travers du charbon granulaire activé dans des colonnes.

Image 9. Le charbon ou carbone actif.

1.1 Les facteurs affectant l'adsorption

1.1.1 Les facteurs physiques affectant l'adsorption

1.1.1.1 Le type de charbon

Les charbons produits à l'aide de différentes méthodes ou différentes sources de matériaux ont une gamme de propriétés chimiques et physiques qui affectent le taux d'adsorption et la capacité de chargement. En général, les charbons de plus haute activité sont plus mous, dû à la structure des pores plus étendue qui réduit la résistance mécanique du charbon. Il en résulte généralement des pertes par attrition plus importantes dans les usines. Les pertes par attrition sont critiques, non seulement parce qu'elles consomment du charbon, mais aussi en raison des pertes d'or entrainé dans le charbon fin.

Le type de carbone requis pour une application particulière dépend de nombreux facteurs, tels que le processus d'adsorption (CIP, CIL ou CIC), la concentration en or, le débit d'écoulement de la pulpe, la production d'or, le taux d'attrition du carbone et les conditions du procédé. Les charbons de haute activité sont utilisés lorsqu'une efficacité d'adsorption élevée est requise, soit pour empêcher la perte d'or dissous ou pour améliorer l'efficacité globale du circuit en créant un équilibre en solution qui favorise la dissolution de l'or. Les charbons de faible activité sont utilisés plus efficacement dans les circuits qui sont moins sensibles aux pertes d'or dues aux mauvaises performances d'adsorption du carbone et qui ont l'avantage de générer des pertes minimes par attrition.

1.1.1.2 La granulométrie du carbone

Bien que la taille d'une particule de carbone ait un effet considérable sur sa surface extérieure, il n'a qu'un très faible effet sur la surface spécifique en raison de la structure très développée des pores internes. En conséquence, la capacité de chargement du carbone est pratiquement indépendante de la taille des particules. Cependant, la taille a un effet important sur la longueur moyenne des pores dans les particules de carbone et le taux d'adsorption augmente avec la diminution de la taille des particules (Marsden et House, 2006). Pour les applications industrielles, les tailles du charbon utilisé varient généralement entre 1,2×2,4 mm à 1,7×3,4 mm.

En pratique, plusieurs autres facteurs affectent le choix de la taille des particules de charbon :

- La séparation du charbon de la solution ou de la pulpe devient de plus en plus difficile à des tailles plus fines (généralement pour le cas de la pulpe, le tamisage du charbon s'effectue avec des tamis de mailles de 0,7 à 0,8 mm) ;

- Les particules de charbon de petite taille sont plus susceptibles aux pertes par attrition ; généralement elles sont réduites à une taille qui leur permet de quitter le circuit plus facilement que les grosses particules.

1.1.1.3 L'efficacité du système de mixage

Les conditions de mélange ont un effet important sur le taux d'adsorption de l'or dû au fait que la plupart des systèmes d'adsorption par le carbone fonctionnent à un pseudo-équilibre, en dessous de l'équilibre maximum de chargement, où le taux d'adsorption dépend dans une certaine mesure de la diffusion à travers la couche limite solide-liquide. Le pseudo-équilibre est attribué à la proportion des pores utilisés au cours du temps de résidence dans le système d'adsorption.

Par conséquent, le niveau de mixage du carbone dans la pulpe doit être suffisant pour :

- d'une part garder le carbone, la solution et les solides en suspension et garder le mélange aussi homogène que possible ;
- et d'autre part maximiser la vitesse de transport des espèces de cyanure d'or à la surface du carbone, de préférence plus vite que la vitesse réelle d'adsorption.

1.1.1.4 La densité et la viscosité de la pulpe

Le taux d'adsorption du cyanure d'or diminue avec l'augmentation de la densité de la pulpe. Cet effet est attribué aux facteurs suivants :

- Diminution de l'efficacité du mélange résultant de l'augmentation de la densité et de la diminution de l'apport d'énergie par unité de masse de la pulpe ;
- Aveuglement physique des surfaces et des pores du carbone par de fines particules de minerai ; et
- La diminution du ratio solution-carbone.

L'efficacité du mélange peut également être réduite par l'augmentation de la viscosité de la pulpe causée par le changement du type de minerais plutôt qu'en raison d'un changement dans la densité de la pulpe. Les types de minerais qui ont une viscosité élevée ont également une plus grande tendance à altérer les performances du carbone ; par exemple, en aveuglant des pores de carbone avec des particules très fines. Cet effet est particulièrement évident lors du traitement des minerais argileux.

1.1.2 Les facteurs chimiques affectant l'adsorption

1.1.2.1 La température

L'adsorption de l'or sur le carbone est exothermique, ce qui explique pour la capacité d'inverser l'adsorption (élution) en augmentant la température. Par conséquent, la capacité de chargement diminue à mesure que la température augmente.

1.1.2.2 La concentration en cyanure

La vitesse de chargement de l'or ainsi que la capacité de chargement du carbone diminuent tous avec l'augmentation de la concentration de cyanure libre. Cet effet est attribué à la concurrence accrue des espèces de cyanure libres pour les sites d'adsorption du carbone (Marsden et House, 2006). Cependant, la sélectivité du charbon actif pour l'or par rapport aux autres espèces de cyanure métallique augmente avec l'augmentation de la concentration de cyanure ; cet effet est exploité dans le traitement des minerais riches en cuivre.

En pratique, la concentration de cyanure utilisée dans les systèmes d'adsorption est souvent déterminée par les exigences d'une dissolution optimale de l'or et par la dégradation naturelle du cyanure dans le circuit d'extraction (0,1 à 0,3 g/*l* de cyanure de sodium).

1.1.2.3 Le pH de la pulpe

Une diminution du pH de la solution augmente à la fois la vitesse d'adsorption et capacité de chargement. L'effet sur le taux d'adsorption est assez faible sur la plage de pH 9 à 11, tel qu'appliqué dans les circuits de cyanuration, avec seulement un petit avantage à gagner en réduisant le pH. La capacité de chargement est augmentée d'environ 10% lorsque le pH est baissé de 11 à 9. En pratique, le pH est généralement maintenu à plus de 10 pour éviter la perte de cyanure par hydrolyse, ou bien on permet une diminution naturelle du pH le long du circuit CIP ou CIL pour aider à la dégradation du cyanure avant à l'élimination des résidus.

1.1.2.4 La force ionique de la solution

La vitesse d'adsorption et la capacité de chargement sont tous deux augmentés avec l'augmentation de la force ionique. Cet effet est également illustré par la découverte que le complexe de cyanure d'or peut être élué du charbon avec de l'eau désionisée.

1.1.2.5 La concentration des autres métaux en présence

Dans des conditions de laboratoire, la capacité de chargement d'or augmente avec l'augmentation de la concentration de cations calcium (Ca^{2+}), magnésium (Mg^{2+}), hydrogène (H^{+}), lithium (Li^{+}), sodium (Na^{+}), potassium (K^{+}) en solution dans l'ordre suivant :

$$Ca^{2+} > Mg^{2+} > H^{+} > Li^{+} > Na^{+} > K^{+}$$

et diminue avec la concentration d'anions cyanure (CN^{-}), sulfure (S^{2-}), thiocyanate (SCN^{-}), thiosulfate ($S_2O_3^{2-}$), hydroxyde (OH^{-}), chlorure (Cl^{-}), nitrate (NO_3^{-}) dans l'ordre :

$$CN^{-} > S^{2-} > SCN^{-} > S_2O_3^{2-} > OH^{-} > Cl^{-} > NO_3^{-}$$

Ces effets sont aggravés dans les conditions industrielles par l'adsorption d'autres espèces de cyanure métallique, qui se disputent sur les sites d'adsorption actifs disponibles. Il en résulte une vitesse d'adsorption plus lente et une réduction de la capacité de chargement à l'équilibre pour l'or.

1.1.2.6 La concentration en oxygène dissous

L'effet bénéfique de l'oxygène sur l'adsorption de l'or des solutions de cyanure a été rapporté ; cependant, cela est plus important dans les solutions à faible force ionique. Ces conditions sont moins fréquentes dans la plupart des systèmes de lixiviation industriels. Cependant, il y a quelques avantages dus à l'oxygène, attribués à l'oxydation catalytique du cyanure ; il en résulte une diminution de concentration en cyanure qui favorise l'adsorption.

1.1.2.7 L'encrassement du charbon

L'encrassement ou empoisonnement du carbone dû à l'adsorption, à la précipitation ou à l'obstruction physique des pores par d'autres espèces en solution ou par certains constituants du minerai peut avoir un effet néfaste sur l'efficacité d'adsorption de l'or.

1.1.2.8 L'adsorption d'autres métaux

Les solutions de lixiviation contiennent généralement une variété d'ions métalliques et de complexes tels que l'argent, le cuivre, le nickel, le zinc, le fer et le mercure, qui sont adsorbés sur le charbon actif à des proportions variables, en fonction de la concentration de chaque espèce, des propriétés du carbone et des conditions de la solution. L'adsorption de l'argent, et dans certains cas du mercure, peut être important car ils peuvent être des sous-produits économiques de l'or. En revanche, l'adsorption des métaux non économiques est préjudiciable à l'extraction de l'or, car ces espèces compétissent avec l'or (et l'argent) pour les sites disponibles du charbon actif.

Heureusement, le charbon actif est hautement sélectif pour l'or et l'argent par rapport à la plupart des autres espèces métalliques, le mercure étant l'exception la plus importante. L'ordre général de préférence d'adsorption pour plusieurs complexes métalliques couramment rencontrés est donné comme suit (Marsden et House, 2006) :

$Au(CN)_2^- > Hg(CN)_2 > Ag(CN)_2^- > Cu(CN)_3^{2-} > Zn(CN)_4^{2-} > Ni(CN)_4^{2-} >> Fe(CN)_6^{4-}$

Des concentrations élevées de métaux non précieux peuvent être adsorbées sur le charbon actif en l'absence de métaux précieux à des concentrations importantes ; ce qui permet aux ions de métaux lourds d'être retirés de l'eau, un procédé couramment utilisé pour la purification de l'eau.

2. RECUPERATION PAR LA RESINE (ION EXCHANGE RESIN)

Les résines échangeuses d'ions sont des matériaux synthétiques qui se composent d'une matrice inerte et contiennent des groupes fonctionnels de surface tels que les amines et les esters (voir l'image 7). Les groupes fonctionnels peuvent échanger des ions avec d'autres espèces ioniques de charges similaires en solution, selon la préférence d'un groupe fonctionnel particulier pour un ion spécifique. Cela dépend des propriétés du groupe fonctionnel et de la charge, de la taille et de la polarisabilité des ions en solution. Les groupes fonctionnels peuvent être basiques (échangeurs d'anions) ou acides (échangeurs de cations) et peuvent en outre être classés comme ayant des propriétés faibles ou fortes, en fonction de leur degré de dissociation en solution.

L'utilisation de résines échangeuses d'ions pour la concentration et la purification de l'or à partir solutions diluées de cyanure a été étudiée depuis la fin des années 40's. Les premières recherches ont été effectuées aux États-Unis, en Afrique du Sud, en Roumanie et dans l'ex-URSS, ayant abouti à l'installation de la première usine *Resin-in-Pulp* (RIP) dans la mine de Muruntau (Ouzbékistan occidental) vers 1970.

La composition de la solution de lixiviation est essentielle pour la sélectivité de l'adsorbant, et donc ses performances. En effet, les complexes de métaux de base-cyanures (tels que $Cu(CN)_3^{2-}$, $Zn(CN)_4^{2-}$, $Ni(CN)_4^{2-}$, $Co(CN)_5^{3-}$ et $Fe(CN)_6^{4-}$ qui ont une affinité avec la résine sont aussi présents en solution et compétissent avec le complexe $Au(CN)_2^{-}$ pour le nombre limité de sites sur la résine. Ainsi, la capacité de chargement d'une résine échangeuse d'anions pour l'or dépend fortement des affinités relatives du groupe fonctionnel pour les différents anions dans la pulpe, de l'espacement des groupes fonctionnels et de la concentration relative de ces anions en solution.

Il existe deux types de résines sélectives pour l'or disponibles sur le marché, à savoir les résines échangeuses d'anions à base faible et celles à base forte. Les résines à base forte ont généralement une capacité de charge élevée et une vitesse de chargement rapide mais ils ont une faible sélectivité (due à l'adsorption des métaux de base) et sont difficiles à éluer. Les résines à base faible sont plus sélectives et beaucoup plus facile à éluer, mais ont moins capacité de chargement (25% à 50% de la capacité des résines à base forte) et des vitesses de chargement plus lentes.

Les résines avec des propriétés prédominantes de base faible mais avec certaines caractéristiques de base forte, résultant de la présence d'un faible pourcentage (10% à 15%) d'amines quaternaires, sont les mieux indiquées pour l'extraction de l'or des solutions cyanurées.

Image 7. Photo illustrative de résine échangeuse d'ions [https://www.aquasabi.com/ADA-Softenizer-Ion-Exchange-Resin-250-ml, 24/06/2020].

2.1 Adsorption par les résines à base forte

Les groupes fonctionnels des résines à base forte sont des amines quaternaires et parfois tertiaires, qui ont une charge positive permanente en solution aqueuse. L'adsorption du complexe de cyanure Au (I) est représentée comme suit :

$$\mathbf{P}{-}^{+}NR_3X^{-} + Au(CN)_2^{-} \leftrightarrow \mathbf{P}{-}^{+}NR_3Au(CN)_2^{-} + X^{-} \qquad (12) ;$$

où **P–** est le polymère, **R** l'alkyle et $\mathbf{X}^{-}$ l'anion.

La capacité de chargement d'or de la résine dépend de la structure de la résine, de la concentration des groupes fonctionnels présents, des concentrations des différents ions en solution et leurs propriétés. Des charges d'or supérieures à 100 *g/l* de résine (soit environ 25% de teneur d'or en solution) peuvent être atteintes lorsqu'il y'a peu ou pas d'ions concurrents dans la solution ; cependant, la capacité diminue avec l'augmentation de la force ionique (c.-à-d., plus d'ions concurrents) et avec l'augmentation de la température. L'effet de la température sur les performances de la résine est similaire, mais moins important (en particulier la capacité de chargement), que son effet sur l'adsorption de l'or par le charbon actif.

Les résines à base forte adsorbent également facilement les complexes de cyanure d'argent, de nickel, de cobalt, de cuivre, de zinc, de fer (II) et de fer (III) et présentent par conséquent une mauvaise sélectivité pour l'or. Le cuivre, le nickel et le zinc sont adsorbés plus facilement que l'or et l'argent ; de ce fait ces métaux doivent être adsorbés presque complètement sur la résine avant que les métaux précieux ne puissent être efficacement adsorbés. La sélectivité d'adsorption des différents complexes de cyanures métalliques dépendent du pH. À faible pH, les sels de cyanure métallique précipitent, ce qui réduit la compétition pour les sites d'adsorption. La précipitation sélective des métaux de base avant l'extraction des métaux précieux par les résines à base forte a été suggérée comme option mais n'a pas été appliquée à l'échelle industrielle.

Le taux d'adsorption de l'or dépend en premier lieu de l'activité de l'or en solution à des faibles charges de résine (moins d'environ 50 g/*l* de résine) et pour des concentrations d'or en solution atteignant jusqu'à environ 40 mg/*l*. De plus, le taux d'adsorption :

- Diminue à mesure que la résine se charge (de la même manière que le carbone) ;
- Est largement insensible au pH entre 2 et 12 ;
- Augmente avec l'augmentation de la température ; et
- Augmente avec l'augmentation de l'agitation jusqu'à un niveau limite.

2.2 Adsorption par les résines à base faible

Les résines à base faible sont caractérisées par une fonction amine primaire, secondaire ou tertiaire ou leurs mélanges. En milieu aqueux, ces groupes fonctionnels deviennent protonés. L'adsorption du complexe de cyanure Au (I) est donnée par l'équation 13 ci-dessous :

$$\mathbf{P}\text{–}{}^{+}NR_2HX^{-} + Au(CN)_2^{-} \leftrightarrow \mathbf{P}\text{–}{}^{+}NR_2HAu(CN)_2^{-} + X^{-} \quad (13)\ ;$$

où **P–** est le polymère, **R** l'alkyle et $\mathbf{X}^{-}$ l'anion.

La capacité de charge des résines à base faible est environ la moitié de celle des résines à base forte dans les conditions similaires. Cette capacité dépend du nombre de groupes fonctionnels protonés par unité de volume de résine et leur degré de protonation, ainsi que les concentrations d'or et d'autres espèces concurrentes en solution. La sélectivité des résines à base faible pour l'or et l'argent bien qu'elle s'améliore avec l'augmentation du pH, la capacité et la vitesse d'adsorption diminuent toutes les deux de façon significative à pH supérieur à 8. Les autres facteurs affectant le taux d'adsorption sur les résines à base faible sont similaires à celles discutées pour les résines à base forte.

2.3 Adsorption sur un mélange de résines à base forte et faible

Les résines à base faible présentent toujours des propriétés de base forte en raison de la présence de quelques groupes fonctionnels amine quaternaire, formés lorsque certains des groupes amines secondaires ou tertiaires se réticulent. Les résines optimisées avec une faible présence de base forte, uniformément distribuées dans la matrice, devraient donner une excellente sélectivité pour l'or et l'argent.

Les résines contenant 12% à 16% de bases fortes ont montré une bonne sélectivité à pH 10,6, mais la sélectivité diminue avec l'augmentation de la présence de base forte. L'optimum de résine pour l'extraction de l'or et de l'argent devrait avoir principalement des caractéristiques de base faible avec un pKa élevé, de préférence entre 10 et 12, et une teneur en base forte modérée.

3. L'EXTRACTION PAR DES SOLVANTS

L'extraction par les solvants utilise des solvants organiques liquides appropriés pour extraire sélectivement l'or à partir d'une solution aqueuse. Le solvant est dissous dans une matrice de support (ou diluant), le kérosène par exemple, pour répartir les groupes fonctionnels à une concentration optimale pour l'extraction du métal. L'or est récupéré du solvant chargé soit directement, par précipitation ou électrolyse, soit indirectement par une élution du soluté dans une phase aqueuse pour permettre la récupération par les méthodes décrites au chapitre 10.

Les facteurs affectant l'efficacité des solvants liquides pour l'extraction de l'or sont les suivants : la cinétique de l'extraction et de l'élution, la capacité de chargement, la sélectivité, la densité, le point éclair et la solubilité dans l'eau. La cinétique de l'extraction par le solvant est généralement beaucoup plus rapide que l'adsorption par le carbone actif et les procédés de résines échangeuses d'ions ; des niveaux élevés d'extraction peuvent généralement être atteints en quelques minutes. Ceci s'explique par le fait que les transferts de masse dans le système liquide-liquide est plus rapide que dans le système solide-liquide. Cependant, la cinétique de l'élution est beaucoup plus lente, elle peut atteindre 2 à 4 h pour obtenir une récupération satisfaisante.

La charge d'or sur les solvants organiques peut dépasser 200 g/*l*, mais ces charges élevées augmentent la densité de la phase organique. Cela peut interférer avec la séparation des phases et peut finalement provoquer une inversion de phases où la phase organique se dépose en dessous de la phase aqueuse. Par conséquent, l'efficacité de la séparation de phases dépend en grande partie de la densité du solvant lui-même ainsi que de la charge d'or et des autres espèces. Pour cette raison, les charges d'or doivent être maintenues en dessous de 80 g/*l*. Même en admettant de telles restrictions, une charge d'or de 40 g/*l* est entre 5 et 10 fois plus élevée que l'équivalent de charge réalisée sur du charbon actif ou de la résine.

Il existe une variété de solvants organiques employée pour l'extraction de l'or :

3.1 Les amines

Diverses amines sont capables d'extraire de l'or à partir des solutions alcalines de cyanure comme indiqué au paragraphe 2 ci-dessus. Les amines tertiaires, telles que la tridécylamine et la trioctylamine, se sont révélées les plus prometteuses dans les systèmes d'extraction d'or. Ces solvants seraient plus sélectifs pour l'or et l'argent par rapport au cuivre, au fer et aux autres métaux de base en raison de leur plus grande affinité pour les ions complexes monovalents ($Au(CN)_2^-$) que pour les espèces polyvalentes ($Cu(CN)_3^{2-}$ par exemple).

3.2 Les esters

Le diéthylène-glycol-di-butyle-éther (dibutyl-carbitol ou diéthylène-glycol-di-butyle [DBC]) a été utilisé pour la séparation de l'or lors du raffinage des métaux précieux, principalement les métaux du groupe du platine, depuis 1971. Le DBC extrait l'or de manière très sélective par rapport aux métaux du groupe du platine et aux métaux de base. Le solvant présente également les avantages d'un point d'éclair bas et d'une faible pression de vapeur mais il a une grande solubilité dans l'eau (3 g/*l*), ce qui se traduit par des pertes élevées dans la phase aqueuse.

3.3 Les espèces contenant du phosphore

Les molécules organiques contenant du phosphore, comme le tri-n-butyle-phosphate (TBP) et le di-n-butyle-phosphonate de butyle (DBBP) sont capables d'extraire l'or des solutions de cyanure. Ces composés ont des densités relativement élevées qui entraînent une mauvaise séparation des phases si les solvants sont utilisés seuls. Par conséquent, ils sont généralement utilisés en conjonction avec une amine appropriée.

3.4 Les cétones

La méthyl-iso-butyle-cétone (MIBK) et la di-iso-butyle-cétone (DIBK) sont toutes utilisées pour l'extraction de l'or à partir des solutions aqueuses de cyanure ou des solutions d'eau régale. Les deux ont une affinité élevée pour l'or et présentent une bonne sélectivité, mais aucun des solvants ne convient pour des applications à grande échelle car ils sont difficiles à éluer et ont une solubilité élevée dans l'eau (entraînant de grandes pertes de solvant).

L'inconvénient majeur de l'extraction par les solvants est que celle-ci s'applique soit à des solutions de lixiviation déjà clarifiées, ou que le solvant doit être retenu et séparé de ses particules solides si elle est appliquée à des solutions de lixiviation ou des pulpes non clarifiées.

Un deuxième inconvénient important est qu'une partie du solvant est toujours perdue dans la phase aqueuse, soit dissoute, soit entraînée dans celle-ci. En pratique, ces facteurs entraînent des pertes globales de solvant pouvant atteindre 5%, ce qui rend le procédé peu attrayant économiquement pour le traitement de solutions à faibles teneurs en or par rapport aux procédés de résines et de charbon actif.

CHAPITRE 9

ELUTION ET REGENERATION DU CARBONE ET DES RESINES ECHANGEUSES D'IONS

Pendant le processus de lixiviation, l'or est dissous du minerai à l'aide d'une solution de cyanure alcaline ou d'un des lixiviants alternatifs décrits dans le chapitre 7. Les ions complexes d'or résultants sont ensuite concentrés et séparés de la pulpe par adsorption soit sur du carbone actif (dans le cas des circuits CIL, CIP et CIC[1]) ou soit sur de la résine échangeuse d'ions (dans le cas des circuits RIP et RIL[2]).

L'élution est la prochaine étape du processus au cours de laquelle l'adsorption du complexe d'or sur le carbone ou sur la résine est inversée. Le carbone ou la résine chargé(e) est retiré(e) du circuit et l'or retiré à l'aide d'un traitement spécifique ; le résultat est une solution fortement concentrée en or (*Pregnant solution*). L'or peut ensuite être retiré de la solution par différentes méthodes qui seront décrites dans le chapitre 10, tandis que le carbone appauvri est réactivé puis remis dans le circuit.

1. ELUTION ET REACTIVATION DU CARBONE

1.1 Elution du carbone

Deux techniques d'élution majeures ont été largement utilisées pour la récupération de l'or du charbon actif utilisant une solution de

---

[1] CIC : *Carbon-in-Colum*

[2] RIL : *Resin-in-Leach*

cyanure caustique (NaOH-NaCN) (Davidson et Bailey, 1991). Il s'agit de la méthode développée par *Anglo American Research Laboratory* (AARL) et de la technique d'élution de Zadra.

L'AARL implique un prétraitement du charbon chargé dans une solution de cyanure caustique, puis l'élution avec de l'eau déionisée chaude (110°C-130°C) (Davidson et Schmidt, 1986). La technique de Zadra implique la recirculation de l'éluant chaud (≈95°C) contenant une solution de cyanure caustique à travers des cellules d'*electrowinning* connectées en série (Zadra et *al.*, 1950) ; il en résulte un dépôt d'or sur les cathodes de la cellule.

De ces deux techniques d'élution, l'AARL est la plus utilisée en raison de ses nombreux avantages ; le principal étant sa courte durée permettant d'obtenir un taux de récupération d'or amélioré, produisant ainsi du charbon de stérilité élevée à l'issu de l'élution (Marsden et House, 2006).

1.1.1 La technique d'élution AARL

La technique d'élution AARL a été développée pour assurer une meilleure récupération de l'or et réduire la durée de la technique d'élution Zadra. Dans la technique d'élution de Zadra, l'éluant est remis en circulation, on croirait qu'une partie de l'or désorbé serait réadsorbée (sur le carbone) pendant le processus de recirculation. Cela entraîne une longue durée d'élution ; c'est ce qui a incité les recherches de l'AARL afin d'obtenir une durée d'élution courte (Davidson et Duncanson, 1977). Les durées d'élution sont de 32 à 72 h et de 8 à 14 h respectivement pour les techniques de Zadra et AARL (Marsden et House, 2006). Les différentes étapes de l'élution AARL sont :

1.1.1.1 Etape 1 : Le chargement de la colonne d'élution

Le carbone est retiré à partir du dernier réservoir de la série. Le mélange carbone-pulpe est pompé sur un tamis où le carbone est séparé de la pulpe qui retourne au réservoir, tandis que le carbone passe dans la colonne d'élution (Figure 19) . Jusqu'à six tonnes de carbone peut être traité à la fois. Lorsque la colonne d'élution est pleine de carbone, de l'eau potable est envoyée dans la colonne pour rincer la boue résiduelle entraînée.

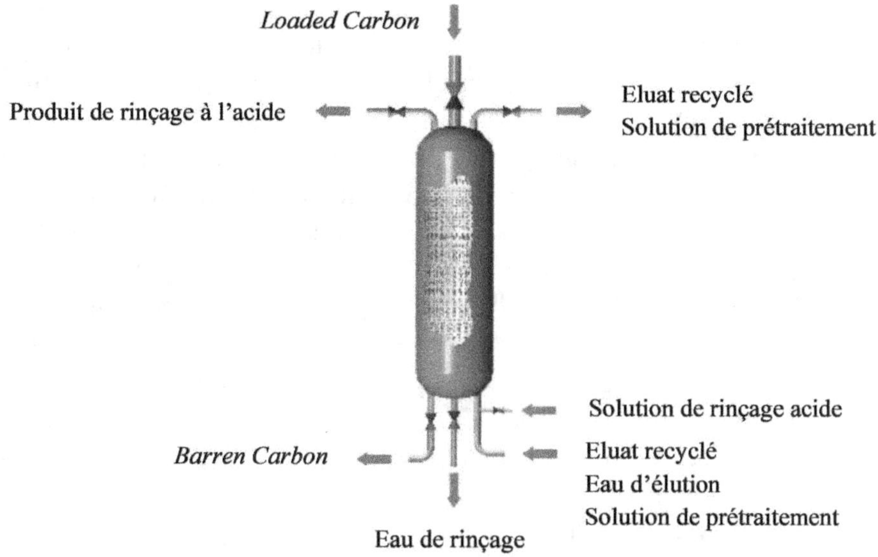

Figure 19. Image d'une colonne d'élution (***Metalliferous Mining-Processing, Elution and Carbon Reactivation ResourceBook***) **.**

1.1.1.2 Etape 2 : Le lavage acide

L'encrassement du carbone est l'accumulation de substances organiques et inorganiques sur le carbone, ce qui affecte négativement l'adsorption de l'or sur le carbone en réduisant l'activité du carbone. Les impuretés adsorbées sur le carbone occupent des sites actifs qui autrement seraient disponibles pour l'adsorption de l'or. Ces impuretés peuvent également bloquer les pores du carbone, restreignant le flux de la solution à travers le carbone dans le processus d'adsorption et d'élution. Elles impactent également négativement la composition de l'éluat si elles sont désorbées lors de l'étape de l'élution.

Le lavage acide permet de nettoyer les impuretés inorganiques du carbone. Il est aussi critique pour l'efficacité du processus en ce qu'il permet de fragiliser les liaisons entre l'or et le carbone pour faciliter la désorption. Le lavage acide se fait en trois phases :

- La circulation d'une solution diluée d'acide chlorhydrique 3% dans la colonne pendant environ 20min. L'acide dissout les composés inorganiques tels que les carbonates de calcium, de magnésium et les sels de sodium, les résidus du minerais tels que la silice et les fines particules de fer. Les composés organiques tels que les huiles et les graisses ne sont pas affectés par l'acide et sont éliminés par réactivation thermique après le cycle d'élution ;

- Le trempage acide : Il suit le cycle de circulation acide. Une solution diluée d'acide chlorhydrique est maintenue en contact avec le carbone dans la colonne pendant environ 40 min. Cela permet de dissoudre les restants d'impuretés inorganiques ;
- Le rinçage à l'eau : Elle vient après le trempage acide. Cela consiste à faire circuler de l'eau dans la colonne. L'eau évacue les impuretés inorganiques qui ont été dissous par le lavage acide ; elle permet également de neutraliser l'acide préalablement utilisé dans la colonne pour éviter la production de cyanure d'hydrogène (gaz très toxique) à l'ajout de la solution de cyanure.

1.1.1.3 Etape 3 : Le prétraitement avec une solution de cyanure caustique

La prochaine étape consiste à traiter le carbone avec une solution de cyanure caustique (3% NaCN et 1-2% NaOH) à haute température et à forte pression.

Le cyanure est nécessaire pour solubiliser le complexe d'or adsorbé sur le carbone tandis que l'hydroxyde de sodium est ajouté pour maintenir un pH élevé et minimiser la production de cyanure d'hydrogène. À la fin de cette étape, le complexe d'or est encore adsorbé sur le carbone (c'est-à-dire que l'or n'est encore passé en solution).

Van Deventer et Van der Merwe (1992) ont signalé l'absence d'or en solution après le prétraitement avec NaOH-NaCN. Cependant, l'attraction entre le complexe et le carbone s'est affaiblie, ce qui lui permet de se désorber facilement dans les étapes suivantes. Des températures élevées sont utilisées et par conséquent, une pression élevée est maintenue pour empêcher l'ébullition de la solution (l'eau bout à 100°C à la pression atmosphérique (101 kPa) ; et la solution est principalement de l'eau).

Etape 4 : La désorption de l'or

La désorption est l'étape réelle d'élimination de l'or du carbone. De l'eau potable (très faiblement ionique) est pompée à l'intérieur de la colonne à haute température (115°C) et à une pression de 230 kPa. L'eau à faible force ionique (pas de sels dissous) est utilisée pour permettre à l'or de se détacher du carbone. Cette dernière solution est ré-circulée à travers la colonne jusqu'à ce que la quasi-totalité de l'or passe en solution (on peut atteindre 97%).

L'adsorption de l'or sur le carbone augmente avec la force ionique de la solution (présence d'ions tels que Ca^{2+} et Mg^{2+}). Par conséquent, la désorption est favorisée en milieu faiblement ionique. La solution chargée d'or (*Pregnant solution*) obtenue à la fin du cycle d'élution est acheminée dans des réservoirs d'éluat (Image 8).

Image 8. Réservoirs d'éluat (*Metalliferous Mining-Processing, Elution and Carbon Reactivation Resource Book*).

1.1.2 La technique de Zadra

Dans les années 50's, Zadra a mis au point un procédé d'élution impliquant le sulfure de sodium. Par la suite, Zadra et *al.* (1952) ont développé un processus d'élution utilisant du cyanure caustique (NaOH-NaCN) avec un système d'électrodéposition intégré, qui deviendra finalement le premier processus d'élution commercial réellement réussi (Procédé Zadra). La technique a été testée à la mine de San Andreas pour la première fois.

Le Procédé Zadra commence par le chargement du carbone, *Loaded carbon*, dans la colonne d'élution suivi du lavage acide, où les impuretés inorganiques sont dissoutes à l'aide d'acide chlorhydrique dilué 3%. Ensuite une solution de cyanure caustique (1% NaOH et 0.2% NaCN) est recirculée entre la colonne chargée de charbon et des cellules d'*electrowinning* montées en série, pour une durée d'élution allant jusqu'à 72 h à des températures de 95 à 100°C, à la pression atmosphérique. L'éluat concentré en or provenant de la colonne d'élution est refroidie au-dessous du point d'ébullition et passée par les cellules *electrowinning* où l'or est précipité sur les cathodes sous forme solide. En quittant la cellule d'*electrowinning*, l'éluat maintenant appauvri en or est réchauffé avant d'être reconduit dans la colonne d'élution.

L'accumulation de contaminants peut être évitée en déchargeant une partie ou tout l'éluat et en le remplaçant par une solution fraîche. Le diagramme simplifié de la technique d'élution de Zadra est présenté à la figure 20. Récemment, une procédure Zadra modifiée fonctionnant à 140°C dans un système sous pression a permis de réduire la durée d'élution entre 10 et 12 h.

1.1.3 Autres techniques d'élution

Les techniques d'élution ZADRA et AARL sont connues pour être efficaces dans l'extraction de l'or du charbon, mais les deux processus souffrent d'une consommation d'énergie élevée, de coûts d'investissement élevés pour les besoins de pression, de longues durée d'élution et d'utilisation de concentrations de cyanure de sodium écologiquement nuisibles (van Deventer et van der Merwe, 1994 ; Soleimani et Kaghazchi, 2008).

Plusieurs techniques ont été testées pour tenter de palier à ces insuffisances. Soleimani et Kaghazchi (2008) ont investiguer sur une méthode rapide, sûre et fonctionnant à la température ambiante pour l'élution de l'or du charbon chargé. Le charbon chargé d'or a été mis en contact avec une base forte, suivi d'une élution avec une solution aqueuse contenant un solvant organique, une méthode autre que les méthodes Zadra et AARL.

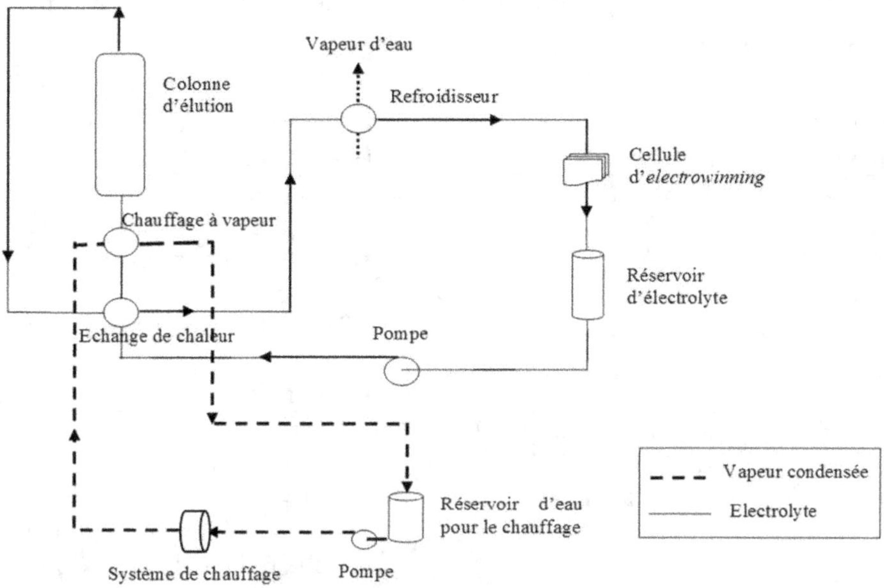

Figure 20. Diagramme de l'élution Zadra.

La désorption de l'or du charbon chargé a été effectuée en utilisant de l'acétonitrile, de l'acétone, du méthanol, de l'isopropanol et de l'éthanol. La récupération de l'or pour ces solvants était de l'ordre: acétone > acétonitrile > méthanol > éthanol > isopropanol. Il a été conclu que des solvants organiques pouvaient être utilisés pour récupérer l'or du charbon, ce qui se comparait bien aux méthodes Zadra et AARL (Soleimani et Kaghazchi, 2008).

Le tableau 6 résume les différentes techniques d'élution disponibles ainsi que leurs avantages et inconvénients.

Tableau 6. Avantages et inconvénients des différentes techniques d'élution disponibles.

Nom du procédé	Conditions d'opération	Avantages et limites
Zadra	• 1% NaOH et 0,1 à 0.2% NaCN • 85-95°C • Pression atmosphérique • 24 à 72 h	Avantages : • Coût d'investissement relativement faible. Limites : • Durée d'élution trop longue pour les mine à grande exploitation.
AARL	• Prétraitement : 1/2 BV[1] de NaOH 5% et 1% NaCN (1/2 h à 1 h) ; • 5 BV d'eau chaude à un débit de 3 BV/h ; • 110°C ; • 150 à 250 kPa ; • 9 h (y compris le lavage acide).	Avantages : • Moindre consommation de réactifs ; • Quantité réduite de carbone ; • Taille réduite de la section élution. Limites : • Forte pression et température élevée ; • Circuit complexe.
Elution à l'alcool	• 1% NaOH, 0,1% NaCN et 20% en volume alcool (méthanol) ; • 80°C ; • Pression atmosphérique ; • 5 à 6 h.	Avantages : • Taille réduite de la section élution ; • Régénération de carbone moins fréquente. Limites : • Risque d'incendie élevée ; • Consommation élevée d'alcool due à la volatilité ; • Installation supplémentaire d'équipement de prévention/lutte contre les incendies ; • Un système de récupération de la vapeur.

[1] BV (*Bed Volume*) : Volume total de matériel dans la colonne, c.-à-d. le volume total des particules de carbones et des vides entre les particules de carbone

Elution sous forte pression	**• 1% et 0,1% NaCN** **• 160°C** **• 350 kPa** **• 2 à 6 h**	**Avantages :** **• Moindre consommation de réactifs ;** **• Quantité réduite de carbone ;** **• Taille réduite de la section élution.** **Limites :** **• Coût d'investissement relativement élevé ;** **• Refroidissement des effluents avant la réduction de la pression pour éviter les projections de fluide.**

1.1.4 Les facteurs affectant l'élution

1.1.4.1 L'effet de la température

La température d'élution (température de l'éluant utilisé pour laver l'or à partir du charbon chargé après le prétraitement) est le facteur le plus important dans l'élution, avec une augmentation d'environ un ordre de grandeur du taux d'élution pour un accroissement de température de 100°C. Par exemple, le taux d'élution à 180°C est huit fois plus élevé qu'à 90°C, à la pression atmosphérique (Marsden et House, 2006 ; Free, 2013).

Une augmentation de la température d'élution entraîne un changement d'équilibre qui favorise la désorption parce que l'adsorption est un processus exothermique. Selon Adams (1991), le pouvoir adsorbant du charbon actif baisse avec une augmentation de la température, ce qui détermine le taux d'élution. Pratiquement, l'élution peut se produire à la pression atmosphérique ou sous pression (Marsden et House, 2006). Dans les conditions atmosphériques, le processus d'élution se déroule à température proche du point d'ébullition de l'eau (≈90 à 95°C) pendant que l'élution sous pression se déroule à température allant jusqu'à 160°C et à 500 kPa (Marsden et House, 2006). Par conséquent, les systèmes d'élution se répartissent en deux classes :

- Les processus qui fonctionnent à la pression atmosphérique et à des températures inférieures à 100°C ; et

- Les processus qui fonctionnent à des pressions élevées pour permettre de maintenir l'élution à des températures élevées, c.-à-d. supérieures à 100°C, pour obtenir des vitesses d'élution plus rapides.

À des températures supérieures à 180°C, la plupart des complexes de cyanure métallique, y compris le cyanure d'or, se décomposent en des espèces métalliques et en cyanure libre, ce qui entraîne des concentrations d'or résiduelles élevées sur le carbone, très difficiles à éliminer.

1.1.4.2 L'effet de la concentration en cyanure et en ion hydroxyde

L'utilisation d'ions hydroxyde seuls pour obtenir une élution presque complète d'or a été déjà rapportée par des chercheurs (Boshoff, 1994). Cependant, cela se passe à un rythme plus lent qu'en présence d'ions cyanure. Adams (1991) a rapporté que la combinaison d'ions CN^- et OH^- a donné un résultat plus efficace que les OH^- ou CN^- seuls.

Il existe certaines théories sur le rôle des ions CN^-. Selon Marsden et House (2006), la présence des ions CN^- lors de l'élution provoquerait une compétition avec les ions $Au(CN)_2^-$ sur les sites d'adsorption du carbone, ce qui favorise l'élution. Contrairement, Van Deventer et Van der Merwe (1992) ont signalé l'absence d'or en solution après le prétraitement avec NaOH-NaCN. Il a donc été suggéré que les ions CN^- subissent une réaction de décomposition qui passive la surface du carbone (Van Deventer et Van der Merwe, 1992).

Selon Adam (1991), McDougall et Fleming (1987), une augmentation de concentration des ions CN^- et OH^- augmente le taux d'élution de l'or. Cependant, des quantités excessives de NaOH-NaCN entraînent une diminution du taux d'élution. Il a été suggéré que la concentration optimale d'élution est d'environ 3% de NaOH-NaCN (Davidson et Schmidt, 1986). On a observé que le taux d'élution baissait au-dessus de cette concentration suggérée. Cela serait dû à une augmentation de la force ionique des cations (Adams, 1991).

1.1.4.3 La force ionique de la solution

La force ionique a un effet plus important sur la vitesse d'élution que la concentration de cyanure (Marsden et House, 2006). L'or peut être désorbé assez efficacement avec une solution de faible force ionique, par exemple, de l'eau désionisée, même en l'absence de cyanure libre. Le bienfait lié à l'effet des cations divalents, tels que le calcium et le magnésium, sur l'adsorption d'or sur le carbone est inversé pour les processus d'élution. Van Deventer et Van der Merwe (1994) ont démontré que l'élution se passe plus facilement lorsque les cations adsorbés sur le carbone sont monovalents (K^+ par ex.) que divalents (Ca^{2+} par ex.).

1.1.4.4 Le débit de la solution d'élution

Le débit de la solution appliqué pour l'élution est généralement exprimé en *Bed Volume* par heure (BV/h). Le taux d'élution a tendance à ne pas varier pratiquement pour un débit supérieur à environ 1 BV/h, mais la charge résiduelle d'or sur le carbone diminue avec l'augmentation du débit après un temps fixe. Des recherches plus approfondies avec des concentrations de solutions de prétraitement de 2% NaCN et 2% NaOH ont montré que le taux l'élution n'était pas affecté par le débit de 1 à 5 BV/h (Davidson et Schmidt, 1986).

En règle générale, des débits de 2 à 4 BV/h sont utilisés pour produire un carbone avec une faible charge d'or résiduelle, tout en évitant d'utiliser des volumes d'éluant trop importants (Marsden et House, 2006). Davidson et Schmidt (1986) ont conclu que le choix du débit d'élution dépend de la durée d'élution. Ils ont suggéré qu'un débit de 2 à 3 BV/h est susceptible d'aboutir à une élution complète en 8 heures de temps.

1.1.4.5 La concentration d'or de la solution

La vitesse d'élution diminue et la charge d'or résiduelle augmente avec l'augmentation de la concentration en or de l'éluant. C'est le facteur le plus important pour les systèmes d'élution qui recirculent les solutions directement après la récupération de l'or par *electrowinning* ou par le zinc. Un exemple de ceci est la technique d'élution atmosphérique de Zadra couplée aux cellules d'*electrowinning* ou au système de récupération par le zinc. Dans ces cas, l'efficacité de l'élution dépend de l'efficacité du système d'*electrowinning* ou de récupération par le zinc.

1.2 La réactivation du carbone

Le carbone issu de l'élution ou carbone appauvri (*Barren Carbon*) très faiblement chargé en or doit subir une réactivation avant d'être remis en utilisation. En effet, de l'étape d'adsorption jusqu'à l'élution, le carbone subit l'encrassement de matières organiques et inorganiques qui baissent son activité (la figure 21 matérialise l'encrassement du carbone).

L'encrassement du carbone peut se produire par un ou tous les mécanismes suivants :

- Des espèces organiques (le diesel, les huiles de lubrification, les graisses et les résidus de végétation) ou inorganiques (les sels de Ca, Mg, Na et la silice) indésirables sont adsorbées sur la surface du carbone et occupent des sites actifs qui, autrement, seraient disponibles pour l'adsorption d'or ;
- Des sels inorganiques sont précipités à la surface du carbone (le carbonate de calcium ($CaCO_3$)), bloquant les sites actifs ; et
- Des particules solides ou les précipités sont physiquement piégés dans les pores de carbone, limitant l'accès de la solution d'or.

Il n'est pas possible d'empêcher complètement l'encrassement du carbone, car les sels et la matière organique sont toujours présents dans le minerai et les eaux de procédé. Cependant, il est possible de minimiser le degré d'encrassement en s'assurant que des impuretés ne sont pas ajoutées au processus inutilement (par exemple les huiles, graisses, morceaux de végétaux, etc.).

Smith et *al.* (1984) ont conclu des résultats des tests d'encrassement que la présence de matière inorganique dissoute joue seulement un rôle mineur dans la désactivation du carbone et que les impuretés organiques constituaient la plus grande préoccupation.

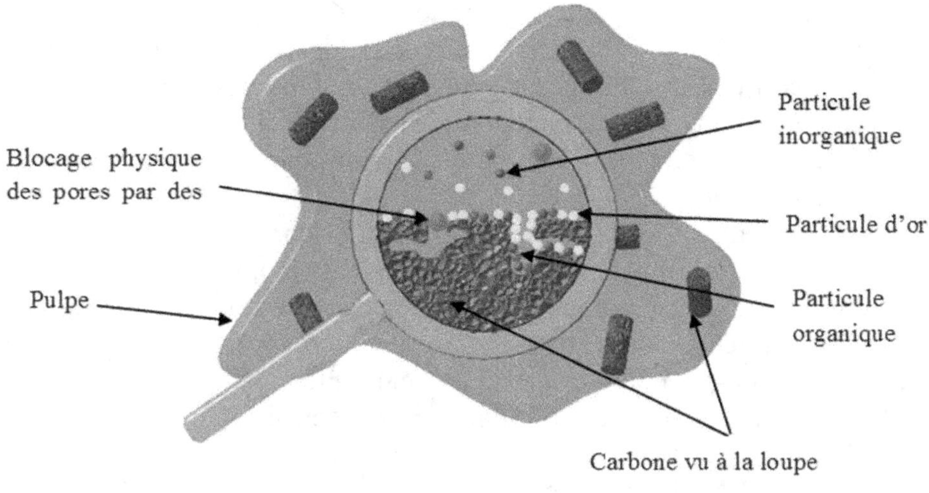

Figure 21. Matérialisation de l'encrassement du carbone, vu à la loupe (*Metalliferous Mining-Processing, Elution and Carbon Reactivation Resource Book*).

1.2.1 Nettoyage des impuretés inorganiques

La plupart des impuretés inorganiques peuvent être éliminées par le lavage à l'acide minéral qui dissout les sels précipités sur le carbone ; et ces sels dissous sont ensuite rincés du charbon. De toute évidence, le succès de cette technique dépend de la solubilité du sel précipité et la concentration de la solution acide utilisée.

Les acides minéraux dilués dissolvent facilement le carbonate de calcium et de nombreux autres sels métalliques, laissant les espèces d'or adsorbées essentiellement inchangés. Par conséquent, le lavage à l'acide peut être effectué avant ou après la désorption (élution) des métaux précieux du carbone. A l'échelle industrielle, deux types d'acides sont généralement utilisés pour le nettoyage des impuretés organiques :

1.2.1.1 Nettoyage à l'acide chlorhydrique

Le réactif préféré dans l'industrie, l'acide chlorhydrique a été appliqué à des températures ambiantes et élevées, jusqu'à environ 85°C. Des concentrations de 1% à 5% de HCl sont généralement utilisées en fonction de la charge des impuretés inorganiques sur le carbone et les conditions de lavage acide appliquées. L'efficacité du nettoyage du calcium n'est en grande partie pas affectée par des concentrations d'acide chlorhydrique entre 3% et 10% et à des températures entre 25°C et 90°C pour des teneurs de calcium inférieures à environ 1% Ca. Cependant, des avantages peuvent être obtenus en augmentant la concentration d'acide (c'est-à-dire (c.-à-d.) de 5% à 7,5%) lorsque la charge de calcium sur le carbone est plus élevée, supérieure à 2%.

Le temps de résidence de l'acide dans le processus est important pour optimiser l'élimination des sels inorganiques. Dans les systèmes bien agités, avec des charges de calcium relativement faibles (< 1%), un temps de résidence entre 10 et 15 minutes peut être suffisant alors que pour les systèmes mal agités, lorsque la charge en calcium est élevée (> 3%), un temps de résidence supérieur à 1 heure peut être nécessaire.

L'acide chlorhydrique dilué est capable généralement d'éliminer entre 80% et 95% du calcium chargé sur le carbone. Bien que le taux d'élimination du sodium et du magnésium puisse être un peu plus faibles (< 80%), ces espèces sont généralement présentes sur le carbone à des quantités moindres par rapport aux sels de calcium ; ainsi, l'efficacité de leur élimination n'est généralement pas aussi critique.

L'inconvénient majeur associé à l'utilisation de l'acide chlorhydrique est la présence des ions chlorure résiduels dans les pores du carbone, qui sont difficiles à éliminer efficacement après lavage à l'acide. Cela peut entraîner de graves problèmes lorsque le lavage à l'acide précède le traitement thermique dans le processus de réactivation car les ions chlorures hautement corrosifs seront vaporisés à des températures élevées. De même, si le lavage acide précède l'élution, des ions chlorure résiduels peuvent être libérés, créant un environnement corrosif dans le circuit d'élution, bien que ceci soit généralement moins grave. Cet effet ainsi que la re-précipitation éventuelle des sels sont prévenus par le lavage à l'eau puis à l'hydroxyde de sodium afin de neutraliser le carbone lavé à l'acide.

1.2.1.2 Nettoyage à l'acide nitrique

Utilisé dans certaines opérations, notamment en Amérique du Nord, l'acide nitrique est appliqué de manière similaire à l'acide chlorhydrique. L'utilisation d'acide nitrique évite les problèmes de corrosion associées à l'utilisation de l'acide chlorhydrique mais peuvent entraîner d'autres problèmes comme l'oxydation et la désactivation des surfaces du carbone. On pense que cet effet est moindre dans les solutions très diluées (< 5% HNO_3) mais augmente avec l'augmentation de la concentration. L'utilisation d'acide nitrique introduit des ions nitrate dans le processus qui peut, selon la nature du procédé, présenter des problèmes environnementaux.

1.2.2 Nettoyage des impuretés organiques

La réactivation thermique est utilisée pour éliminer les impuretés organiques. Le carbone est soumis à un chauffage de l'ordre de 650-750°C en présence de vapeur d'eau. La température sert à brûler la matière organique. La réaction avec la vapeur complète le nettoyage à l'acide. La vapeur limite également la présence d'oxygène dans le milieu, empêchant le carbone de brûler. Il y'a trois types d'impuretés organiques :

- Type I : Les impuretés faiblement liées au carbone qui sont facilement vaporisables à faible température ;
- Type II : Les impuretés fortement liées au carbone nécessitant des températures plus élevées ;
- Type III : Les résidus de carbone issus du craquage des types II qui restent dans les pores du carbone.

Dans la réalité, tous ces trois (03) types d'impuretés sont présents dans le milieu. De ce faite, la réactivation thermique se fait en trois phases dans un four :

- Séchage à température < 200°C : Le carbone entre dans le tube du four à environ 60°C et 25% d'humidité. Au fur et à mesure que la température augmente, les impuretés très volatiles sont vaporisées et toute l'humidité restante à l'intérieur des pores du carbone est libérée sous forme de gaz ;
- Vaporisation à température entre 200 et 500°C : Dans le premier mètre du tube, la température atteint 200 à 500°C entrainant ainsi la vaporisation des impuretés de type I ;
- Pyrolyse à température entre 500 et 700°C : elle consiste en la décomposition des impuretés non volatiles (type II). Il se forme alors les impuretés de type III ;
- Elimination des résidus de pyrolyse à 750°C : Le dernier mètre du four fonctionne à 750°C. De l'eau est injectée à la base du

four et la vapeur produite s'oxyde sélectivement et vaporise les résidus de type III.

L'injection d'eau à la base du four sert également à refroidir le carbone réactivé (*Regenerated Carbon*) à environ 250°C avant la sortie du four. Cela évite que le carbone chaud (750°C) ne brûle au contact de l'air. Le carbone ainsi traité est prêt à être réutilisé dans le circuit CIL, CIP ou CIC. Le carbone est généralement réutilisé entre 100 et 400 cycles d'adsorption-élution, en fonction de la qualité du carbone et de l'efficacité des procédures de réactivation appliquées. Le cycle du carbone est représenté dans le schéma de la figure 22.

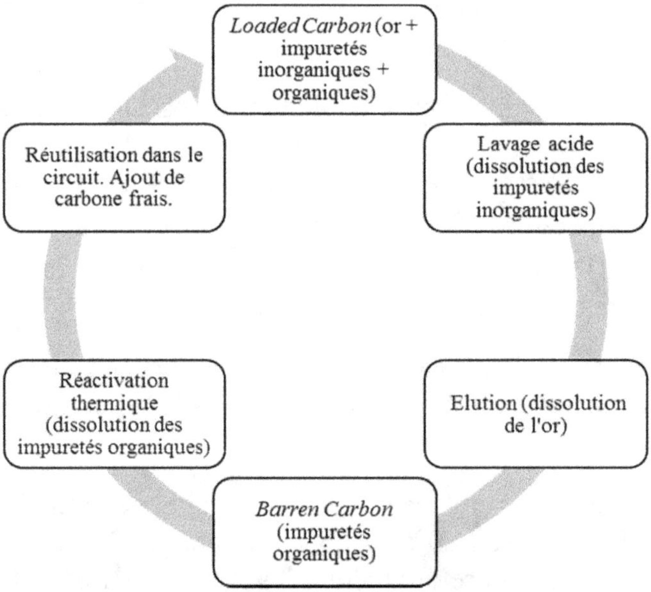

Figure 22. Le Cycle du carbone dans un circuit CIL, CIP ou CIC.

2. ELUTION ET REACTIVATION DES RESINES ECHANGEUSES D'IONS

Les résines chargées doivent être éluées pour permettre d'une part la récupération de l'or, et d'autre part sa réutilisation dans le circuit d'adsorption pour que le procédé soit économique. Une résine éluée devrait contenir entre 25 à 50 g/t Au pour une réutilisation efficace. De plus, les impuretés adsorbées doivent être éliminées, tout comme dans le cas du carbone, pour faciliter l'adsorption de l'or lors de la réutilisation de la résine.

Plusieurs méthodes d'élution et de régénération ont été développées en fonction des types de résines comme décrites dans les paragraphes suivants.

2.1 Elution et réactivation des résines à base forte

L'élution d'espèces métalliques à partir de résines à base forte est plus difficile qu'à partir des résines à base faible en raison de la plus grande force d'adsorption ionique. L'élution peut être réalisée soit en déplaçant l'équilibre de l'équation (12) vers la gauche en augmentant la concentration d'un anion concurrent en solution, ou en convertissant les ions métalliques adsorbés en espèces non ioniques (par exemple, le complexe or-thiourée).

Dans le premier cas, des anions simples tels que les ions thiocyanate, chlorure, bisulfate, nitrate ou cyanure peuvent être utilisés. Des concentrations élevées de ces ions sont nécessaires car ils sont plus faiblement adsorbés que le complexe aurocyanure ; et un solvant organique polaire tel que l'acétone ou l'acétonitrile est généralement nécessaire pour augmenter l'activité de l'éluat. Alternativement, un anion complexe, tel que le cyanure de Zn (II), qui est plus fortement adsorbé que le complexe cyanure Au (I), peut être utilisé à des concentrations relativement faibles pour éluer la résine chargée d'or (Fleming et Cromberge, 1984 ; Hazen, 1957).

Quatre processus d'élution ont été développés à partir de cette base théorique, chacun peut avoir une application pour l'élution de types de résines spécifiques dans des conditions particulières : le cyanure de zinc, la thiourée, le thiocyanate et le chlorure. L'efficacité relative d'élution des trois premières méthodes est illustrée comme suit :

Thiocyanate > Thiourée > Cyanure de zinc.

Cependant, l'efficacité pour l'élimination des espèces empoisonnant la résine diminue dans l'ordre suivant :

Cyanure de zinc > Thiocyanate >>> Thiourée

et le coût relatif des trois méthodes a été estimé comme suit (Fleming et Cromberge, 1984) :

Cyanure de zinc << Thiocyanate < Thiourée

Par conséquent, la méthode d'élution la plus appropriée dépend de la chimie de la méthode de traitement choisie pour le minerai.

2.1.1 Utilisation du cyanure de zinc

L'élution de l'or à partir d'une résine à base forte à l'aide du cyanure de zinc est donnée par l'équation suivante :

$$2[\mathbf{P}\text{–}^{+}NR_3Au(CN)_2^{-}] + Zn(CN)_4^{2-} \leftrightarrow [\mathbf{P}\text{–}^{+}NR_3]_2Zn(CN)_4^{2-} + 2Au(CN)_2^{-} \qquad (14) ;$$

où **P–** est le polymère et R l'alkyle CH_3.

Le taux d'élution augmente avec l'augmentation de la concentration de cyanure de zinc jusqu'à 0,15 M ; cependant, la concentration optimale pour minimiser les charges d'or résiduelles est de 0,5 M, en tenant compte du fait que des températures élevées (> 50°C) sont nécessaires pour éviter la cristallisation des sels de cyanure de zinc. En pratique, des températures de 50 à 60°C sont utilisés. D'autres espèces métalliques telles que l'argent, le cobalt, le nickel, le zinc et le fer sont également efficacement éliminés de la résine par cette méthode.

La résine éluée doit être régénérée pour éliminer les espèces de cyanure de zinc adsorbées sur les groupes fonctionnels pour permettre sa réutilisation pour l'adsorption d'or. Cela est réalisé efficacement avec de l'acide sulfurique à < pH 2. Cette méthode réduit rapidement les charges de zinc, de 100 kg/t à moins de 0,10 kg/t en 4 à 8 h. Le cyanure d'hydrogène dégagé est lavé ou dissous par une solution alcaline (soude caustique ou chaux) dans un système de réservoir fermé lors de sa production.

2.1.2 Utilisation de la thiourée

La thiourée réagit avec les espèces d'or adsorbées pour former un complexe chargé positivement qui peut être lavé de la résine avec de l'eau. L'équation globale de la réaction est donnée comme suit :

$$\mathbf{P}\text{–}^{+}NR_3Au(CN)_2^{-} + 2CS(NH_2)_2 + 2H_2SO_4 \leftrightarrow \mathbf{P}\text{–}^{+}NR_3HSO_4^{-} + Au(CS(NH_2)_2)_2HSO_4 + 2HCN \quad (15) ;$$

où **P–** est le polymère et R l'alkyle CH_3.

Le taux d'élution augmente avec l'augmentation de la concentration de thiourée, jusqu'à un maximum de 1 M, et avec l'augmentation de la force de l'acide sulfurique, également jusqu'à environ 1 M. Les solutions d'éluant contenant uniquement de la thiourée sont très inefficaces pour éliminer les ions des métaux de base, en particulier le cobalt, le fer et dans une certaine mesure, le zinc et le nickel. Par conséquent, cette méthode n'est pas adaptée au traitement de solutions contenant de fortes concentrations de ces espèces.

2.1.3 Utilisation du thiocyanate

L'élution par le thiocyanate entraîne le déplacement du complexe de cyanure d'or par l'ion thiocyanate (SCN^-), représenté par la réaction suivante :

$$\mathbf{P}\text{–}^{+}NR_3Au(CN)_2^{-} + SCN^{-} \leftrightarrow \mathbf{P}\text{–}^{+}NR_3SCN^{-} + Au(CN)_2^{-} \quad (16) ;$$

où **P–** est le polymère, R l'alkyle CH_3.

Le taux d'élution augmente avec l'augmentation de la concentration en thiocyanate, jusqu'à un maximum de 2M SCN^- et dans une plage de pH optimale de 7 à 8. En règle générale, des taux d'élution plus rapides sont atteints avec le thiocyanate qu'avec le cyanure de zinc ou la thiourée.

Après élution, la résine doit être régénérée pour permettre sa réutilisation pour l'adsorption des métaux. Les acides minéraux (par exemple, sulfurique et chlorhydrique) peuvent être utilisés, mais l'ion thiocyanate se décompose rapidement en soufre élémentaire en présence d'acides forts. Une alternative est pour traiter la résine avec une solution de Fe (III) pour former le complexe de thiocyanate de Fe (III) cationique, qui est facilement lavé de la résine avec de l'eau. Dans ce cas, une concentration en Fe (III) d'environ 0,5 à 1 M est nécessaire pour la régénération.

2.1.4 Utilisation des ions chlorure

Un processus d'élution séquentiel utilisant des ions chlorure pour éliminer l'or et l'argent a été développé (Lakshmanan et Tackaberry, 1990 ; Palmer, 1986). Le procédé utilise du HCl 2 N pour l'élution du mercure, suivi d'un traitement avec 200 g/*l* de chlorure de sodium (NaCl) dans HCl 1 N pour l'élimination de l'argent et enfin l'élution de l'or avec 0,73% de NaOCl dans une solution contenant 150 g/*l* de NaCl et 5 g/*l* d'hydroxyde de sodium (NaOH). La cinétique et l'économie relative de ce processus ne sont pas encore connues.

2.2 Elution et réactivation des résines à base faible

Les résines à base faible peuvent être éluées par simple hydrolyse avec de l'hydroxyde de sodium (Fleming et Cromberge, 1984). L'équation bilan de la réaction est la suivante :

$$\mathbf{P}\text{–}^{+}NR_2HAu(CN)_2^- + OH^- \leftrightarrow \mathbf{P}\text{–}NR_2 + Au(CN)_2^- + H_2O \quad (17) ;$$

où **P–** est le polymère et **R** l'alkyle CH_3.

Le taux d'élution augmente avec l'augmentation de la concentration d'hydroxyde de sodium jusqu'à la concentration optimale de 0,5 M. À des concentrations plus élevées, le taux est réduit, probablement en raison de la précipitation d'hydroxydes métalliques. Le taux est également augmenté à des températures élevées, mais une élution rapide est obtenue dans les conditions ambiantes, généralement beaucoup plus rapide que les processus d'élution du carbone et de la résine à base forte.

L'effet de la concentration d'or sur la cinétique et l'efficacité de l'élution est moins prononcée par a rapport celui observé pour l'élution de la résine à base forte. L'élution avec l'hydroxyde de sodium élimine l'or et le cuivre assez efficacement ; cependant, l'argent, le nickel, le zinc et le fer sont relativement mal élués, en particulier dans les solutions acides, en raison de la formation de cyanures métalliques insolubles ($Zn(CN)_2$ par exemple). L'élution de l'argent, du fer et du nickel pendant le traitement à la soude caustique peut être considérablement améliorée par addition de cyanure à l'éluant. L'élimination des cyanures dissociables à l'acide, tels que ceux du cuivre, du zinc et du nickel peuvent être obtenus efficacement par traitement avec des acides minéraux dilués (par exemple 5% d'acide sulfurique) après l'élution. Ces espèces adsorbées se décomposent alors en ions métalliques Cu^{2+}, Zn^{2+} et Ni^{2+} respectivement, qui sont facilement éliminés par lavage de la résine.

CHAPITRE 10

LES TECHNIQUES DE RECUPERATION DE L'OR DES SOLUTIONS CONCENTREES

La récupération, telle que définie dans ce chapitre, est l'extraction de l'or des solutions concentrées sous forme de solide enrichi. Le produit solide enrichi en or peut alors être, soit vendu directement ou, traité sur place par le raffinage pour améliorer sa qualité comme décrit dans le chapitres 11. Les techniques les plus utilisées à l'échelle industrielle pour récupérer l'or à partir des solutions concentrées sont principalement l'*electrowinng* ou électrodéposition et la précipitation par le zinc. L'électrodéposition est plus adaptée à une large gamme de solutions et par conséquent est la méthode la plus utilisée comparativement à la technique du zinc qui ne compte que 25 à 30% de la production mondiale d'or (Marsden and House, 1992).

Avant la généralisation des procédés CIP et CIL à la fin des années 70's (chapitre 7), la technique de précipitation par le zinc était utilisée presqu'exclusivement pour la récupération directe de l'or à partir de solutions diluées de lixiviation clarifiées. Par la suite, l'*electrowinning* et la précipitation par le zinc ont été utilisées pour traiter des solutions concentrées d'or produites par élution du carbone.

La récupération directe de l'or à partir de solutions diluées de lixiviation par la technique du zinc est toujours préférée à l'adsorption par le carbone pour le traitement des certains minerais (par exemple les minerais à haute teneur en argent, les minerais contenant des espèces qui interfèrent avec l'adsorption du carbone (les minerais argileux ou contenant des matériaux organiques), les petits gisements qui ne peuvent pas justifier les coûts généralement plus élevés des procédés CIL ou CIP).

Bien qu'aucun procédé commercial n'utilise désormais la poudre d'aluminium pour la précipitation de l'or, il a été utilisé dans le passé. Le charbon actif a également été utilisé dans quelques cas pour la récupération finale de l'or, généralement avec incinération du carbone chargé pour produire une cendre de haute qualité pour le raffinage. Ces dernières techniques ne seront pas détaillées dans ce chapitre car très peu utilisées dans l'industrie.

1. L'ELECTROWINNING

Le processus d'*electrowinning* consiste à faire passer un courant électrique à travers la solution concentrée d'or produite dans le circuit d'élution. Les électrons (électricité) passent de la cathode (électrode négative) à travers la solution vers l'anode (électrode positive), refermant le circuit électrique. Le courant provoque un dépôt d'or métallique sur les cathodes. Ensuite, les cathodes sont retirées de la cellule pour un processus de purification ultérieur du dépôt récupéré.

Le processus diffère selon la procédure d'élution qui est utilisée. Dans le cas de l'élution Zadra, où la cellule d'*electrowinning* est en série avec la colonne d'élution, la colonne et la cellule doivent être conçues pour éluer et récupérer l'or par recirculation de l'éluat jusqu'à ce que la teneur en or du carbone devienne faible (inférieure à 100 g/t).

Dans le cas de l'élution AARL, l'*electrowinning* est effectué sur le lot complet d'éluat obtenu à partir de la colonne d'élution. L'éluat est recirculée à travers la cellule jusqu'à ce que sa concentration en or soit assez faible pour qu'on puisse l'écarter ou le retourné dans le circuit. La cellule est exploitée indépendamment du processus d'élution.

1.1 Principe chimique de l'*electrowinning*

1.1.1 Les réactions chimiques à la cathode

L'or est électrolytiquement déplacé de la solution aqueuse de cyanure alcaline selon la réaction suivante :

$$Au(CN)_2^- \text{ (ion)} + e^- \text{ (électricité)} \leftrightarrow Au \text{ (métal)} + 2CN^- \quad (18)$$

Le dépôt du métal se produit à des potentiels inférieurs à environ -0,7 V, bien que le potentiel exact auquel la réduction commence dépende des conditions de la solution, telles que la conductivité, les concentrations d'espèces ioniques présentes et la température. Les valeurs rapportées varient entre -0,7 et -1,1 V (Marsden et House, 2006).

Le mécanisme de dépôt électrolytique de l'or procède probablement par l'adsorption de l'ion aurocyanure sur la cathode; suivie d'une réduction des espèces adsorbées, comme suit :

$$Au(CN)_2^- \leftrightarrow AuCN_{ads} + CN^- \quad (19)$$

$$AuCN_{ads} + e^- \leftrightarrow AuCN^-_{ads} \quad (20)$$

L'étape de réduction est ensuite suivie d'une dissociation des espèces réduites :

$$AuCN^-_{ads} \leftrightarrow Au + CN^- \quad (21)$$

À des surtensions cathodiques élevées, l'étape de transfert d'électrons est susceptible d'être directe et l'espèce intermédiaire adsorbée n'est probablement pas formée. Cette distinction des mécanismes de dépôt est importante parce que les caractéristiques physiques d'or déposé par les deux mécanismes sont très différentes. Tandis que l'or qui est déposé sur la cathode à des surtensions cathodiques relativement faibles est un produit dense et solide, à des surtensions cathodiques élevées, le dépôt est poreux et spongieux.

Plusieurs autres complexes de cyanure métallique, tels que l'argent, le mercure et le plomb, sont réduits de préférence que l'or aux potentiels appliqués pour la réduction de l'or. La récupération de l'argent est généralement souhaitable en tant que sous-produit économique de l'or. Cependant, la différence des potentiels d'électrodes standards pour la réduction du cyanure d'or et d'argent est de plus de 0,2 V, ce qui indique une certaine possibilité de récupération séparée. Dans les situations où la concentration en argent est supérieure à environ 50% celle de l'or, l'argent est déposé de préférence que l'or. Cependant, au fur et à mesure que la concentration de l'argent diminue dans la solution, il y'a un dépôt simultané d'or et d'argent et aucun processus électrolytique industrielle n'est encore disponible pour permettre une telle séparation.

S'il est présent en concentrations importantes, le mercure peut perturber l'extraction électrolytique de l'or car il se dépose de préférence dans la quasi-totalité avant que le dépôt ne commence. Ce dépôt de mercure peut affecter la qualité du dépôt d'or car il favorise la formation de dépôt spongieux plutôt qu'un dépôt cohésif.

De faibles concentrations d'ions plomb dans l'électrolyte, jusqu'à 1 mg/*l*, ont un effet bénéfique sur le dépôt d'or. Cela est dû au dépôt simultané du plomb, qui agit comme un catalyseur et favorise la réaction de réduction de l'or (Kirk et *al.*, 1984). Cependant, des concentrations trop élevées de plomb peuvent entraver la récupération de l'or car le plomb se dépose avant et pendant le dépôt d'or, contaminant ainsi produit final. La présence de cuivre à des concentrations modérées (c.-à-d. jusqu'à 300 mg/*l*) a un effet bénéfique sur le dépôt d'or, avec un mécanisme similaire à celui du plomb décrit précédemment.

L'oxygène dégagé à l'anode par oxydation de l'eau peut, dans une cellule sans membrane, migrer ou se diffuser vers la cathode où elle est réduite en eau. Il a été démontré que la réduction de l'oxygène peut consommer plus de 50% du courant à la cathode (Paul et *al.*1983) . L'utilisation d'une membrane échangeuse d'ions pour séparer l'anode et la cathode élimine ce problème, mais il y a des inconvénients avec ces systèmes.

1.1.2 Les réactions chimiques à l'anode

Dans la solution alcaline de cyanure, la réaction majeure à l'anode est l'oxydation de l'eau en oxygène selon l'équation 18.

$$2H_2O \quad \leftrightarrow \quad O_2 + 4H^+ + 4\ e^-$$

Cette réaction tend à baisser le pH de la solution autour de l'anode. Si le pH est mal contrôlé, sa valeur peut diminuer au point où la corrosion de l'anode se produit (à pH inférieur à 12,5), par oxydation anodique du chrome en ion chromate, qui peut ensuite être réduit en hydroxyde de chrome sur les cathodes en laine d'acier, réduisant ainsi l'efficacité de l'*electrowinning*.

Le cyanure peut être oxydé pour cyanate à l'anode ou s'hydrolyser pour former de l'ammoniac et du dioxyde de carbone.

1.2 Les facteurs affectant l'*electrowinning*

Le dépôt d'or, illustré à l'équation (18), est contrôlé électrochimiquement à des potentiels variant entre -1.0, à -0,85 V, selon les conditions de la solution. À des potentiels plus négatifs, la déposition dépend de la vitesse du transfert de masse des espèces de cyanure Au(I) vers la cathode. Pour les solutions contenant de faibles concentrations d'or, comme c'est généralement le cas dans les systèmes d'extraction d'or, les cellules doivent être opérées dans des conditions où le transfert de masse est maitrisé afin de maximiser le taux de dépôt et rendre l'*electrowinning* plus économique. Le courant optimal à appliquer pour un dépôt optimal d'or est celui minimal auquel le taux de dépôt ne dépend pas du transfert de masse parce que cela minimise les réactions concurrentes à la cathode (Paul et *al.*, 1983).

Par conséquent, pour un système d'*electrowinning* fonctionnant à une intensité de courant supérieure ou égale à la limite (i_L), le taux de déposition dépend des facteurs qui affectent le transfert de masse du cyanure Au(I) à la cathode, à savoir la concentration d'or et le coefficient de transfert de masse du système. Le coefficient de transfert de masse dépend de l'hydrodynamique du système cellule-électrolyte (c.-à-d. la géométrie de la cellule, le débit de l'électrolyte, le mélange, etc.), de la température de la solution et de la surface disponible de cathode (Paul et *al.*, 1983).

D'autres facteurs qui influent sur l'efficacité des systèmes d'*electrowinning* sont la tension et le courant appliquée à la cellule, qui sont eux-mêmes déterminés par les propriétés de la solution (c.-à-d. la température, le pH, la concentration de cyanure, les concentrations des autres ions, la conductivité).

2. LA PRECIPITATION DE L'OR PAR LE ZINC

La précipitation ou cimentation par le zinc pour la récupération de l'or et de l'argent est l'un des procédés les plus connus dans le traitement des minéraux. Il est également connu sous le nom de procédé Merrill-Crowe de ses fondateurs, C.W Merrill des USA qui l'a expérimenté (1890) et T. B. Crowe d'Afrique du Sud qui a ajouté quelques développements importants (1918). Les chercheurs de MINTEK ont suggéré que la précipitation au zinc soit considérée comme une alternative au procédé d'*electrowinning* dans le processus.

La cimentation par le zinc a d'abord été réalisée à l'aide de longues boîtes de copeaux de zinc grossiers. La solution concentrée en or est passée à travers des filtres en sable pour éliminer les solides en suspension, puis à travers les boîtes de zinc où l'or en solution est précipité. La méthode s'est révélée efficace mais limitée en raison du revêtement des surfaces de zinc par les précipités et la formation de l'hydroxyde de zinc insoluble, affectant le filtrage (Dorey, 1988).

Les sels de plomb ont été introduits en 1894 pour résoudre le problème de passivation. Les copeaux de zinc sont d'abord immergés dans des solutions d'acétate de plomb avant d'être placés dans les boîtes. Les dépôts de plomb sur les surfaces de zinc forment des zones cathodiques pour la précipitation préférentielle des métaux précieux, laissant les surfaces adjacentes de zinc anodique exposées à la dissolution (Atwood, 1985). En 1918, le circuit de désoxygénation fut incorporé dans le processus par T. B. Crowe. Il s'agit de l'élimination de l'oxygène dissous dans la solution concentrée d'or pour empêcher la passivation du zinc, presqu'impossible à filtrer (Mular, 2002). Le zinc est ajouté à la solution sous forme de poudre plus fine.

2.1 Principes chimiques de la précipitation de l'or par le zinc

La précipitation ou cimentation est une réaction électrochimique impliquant des réactions d'oxydoréduction. Le mécanisme réactionnel de la précipitation est illustré schématiquement sur la figure 23. L'atome d'or accepte un électron et est réduit du degré d'oxydation (I) au degré d'oxydation métallique (0); l'atome de zinc donne deux électrons et est oxydé de l'état métallique (0) au degré d'oxydation (II). La couche d'or précipité se dépose sur les particules de zinc, qui continue de se corroder et de se dissoudre.

De nombreuses expressions ont été utilisées pour décrire la réaction globale de la précipitation de l'or par le zinc, la plus courante est l'équation bilan (23).

$$2Au(CN)_2^- + Zn^o \quad \leftrightarrow \quad 2Au + Zn(CN)_4^{2-}$$

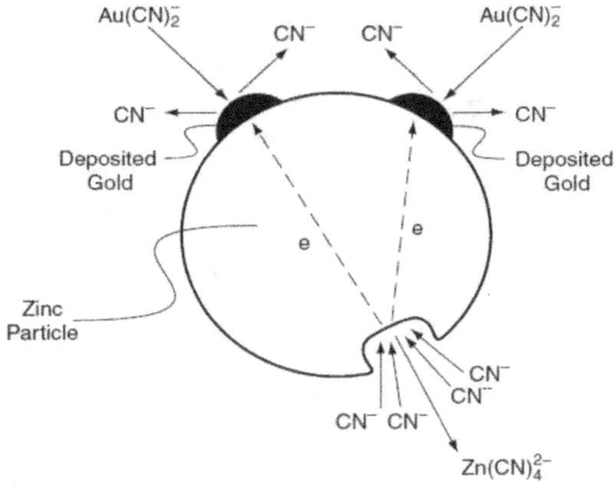

Figure 23[1]. Représentation schématique du mécanisme de précipitation de l'or par le zinc (Marsden et House, 2006).

2.2 Description du procédé de précipitation par le zinc

Le schéma de base du procédé de Merrill-Crowe est illustré à la figure 24. Les principales étapes du processus sont : la clarification, la désoxygénation, la précipitation et la filtration du zinc. La solution chargée d'or est reçue du réservoir de solution non clarifiée. Elle doit être clarifiée à environ 1 ppm en concentration de solides en suspension pour une cimentation efficace.

Après clarification, la solution est pompée du réservoir de solution clarifiée vers la Tour de Crowe ou tour de désoxygénation. Une pression sous vide est appliquée à la solution et la teneur de l'oxygène dissous de la solution est baissée d'environ 7 ppm à moins de 1 ppm. La solution s'écoule de la tour vers la pompe d'alimentation. Une solution stérile contenant de la poudre de zinc est ajoutée à la solution désoxygénée. Le nitrate de plomb peut également être ajouté à ce stade si nécessaire. L'or précipité ou cimenté et autres les métaux précieux, ainsi que l'excès de zinc et d'autres métaux de base sont collectés dans le filtre. Périodiquement, ce filtre est vidé. Le précipité subit une étape de purification ultérieure selon sa teneur en mercure et en métaux de base.

[1] *Deposited Gold* : Précipité d'or. *Zinc Particle* : Particule de zinc.

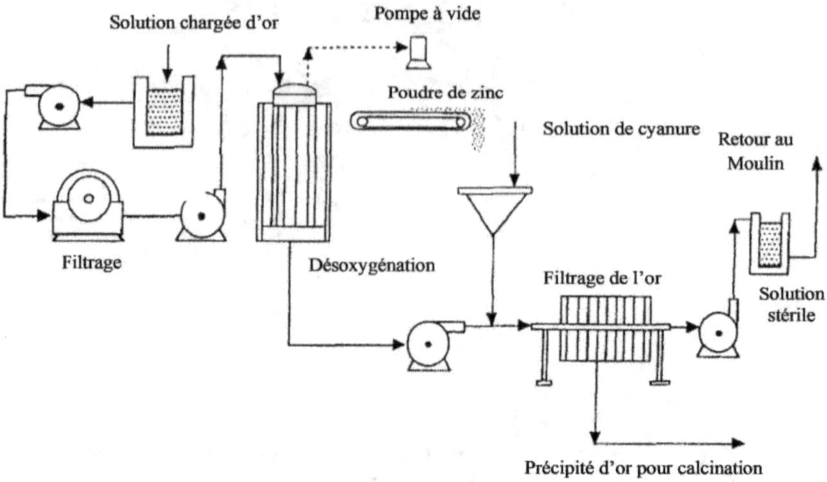

Figure 24. Représentation schématique du procédé de Merill-Crowe (Chi, 1997).

2.3 Les facteurs affectant l'efficacité du procédé

L'efficacité du procédé dépend des facteurs ci-dessous :

2.3.1 La concentration d'or en solution

Dans les solutions d'or diluées, le taux de précipitation augmente avec l'augmentation de la concentration d'or, ce qui est prévisible pour une réaction contrôlée par le transfert de masse des espèces de cyanure d'or à la surface du zinc. D'autres travaux ont indiqué un écart par rapport au comportement de premier ordre observé dans les solutions de teneurs faibles et moyennes en or ; on observe plutôt une diminution du taux de précipitation de l'or avec l'augmentation de la concentration d'or. Cet effet est plus fréquent dans les solutions d'or à haute teneur et est dû à des mécanismes qui retardent l'accès de la solution d'or à la surface des particules de zinc.

Par exemple, Paul et Howarth (1986) ont montré que les précipités obtenus d'une solution contenant 80 g/t Au étaient une couche de produit poreux autour du zinc, tandis qu'une solution à plus haute teneur (640 g/t) a produit un dépôt dense et non poreux. Dans le cas extrême, le dépôt d'une couche dense de précipité d'or autour des particules de zinc peut entraîner une fermeture anodique, arrêtant complètement la réaction de précipitation.

2.3.2 La concentration de cyanure

En pratique, la concentration de cyanure libre n'affecte le taux de précipitation que si elle est inférieure à une certaine valeur minimale, fonction de la concentration d'or et du pH. En dessous de cette valeur, le taux est soit contrôlée par la diffusion du cyanure à la surface du zinc, soit retardée par la formation d'une couche passivante d'hydroxyde de zinc. Pour le traitement des solutions diluées de cyanure d'or (inférieures à 1 g/t Au) à pH 10,5, la concentration critique est comprise entre 0,001 et 0,004 M de cyanure libre, correspondant à 0,05 et 0,20 g/*l* de cyanure de sodium (NaCN), respectivement.

Pour les solutions chaudes et concentrées (20 à 100 g/t Au), la formation d'hydroxyde de zinc insoluble a généralement un effet prépondérant sur la concentration minimale en cyanure. La concentration critique de cyanure requise pour le traitement des solutions contenant entre 20 et 100 g/t Au a été estimée entre 2 à 5 g/*l* de NaCN (Marsden et House, 2006). Au-dessus de la valeur de concentration critique, le taux de précipitation de l'or est indépendant de la concentration de cyanure aussi bien pour les solutions diluées froides que pour les solutions concentrées chaudes. Cependant, la vitesse de dissolution du zinc augmente avec l'augmentation de la concentration de cyanure, et il est donc indésirable d'augmenter la concentration de cyanure nettement au-dessus du minimum requis pour des précipitations efficaces.

2.3.3 La concentration de zinc

La vitesse de dissolution du zinc diminue avec l'augmentation de la concentration des ions zinc en solution; cependant, il a été démontré que même à des concentrations de zinc relativement élevées, le zinc métallique se réduit encore suffisamment pour précipiter l'or de la solution de cyanure. Des concentrations élevées en ions zinc peuvent entraîner la formation d'hydroxyde de zinc insoluble, qui peut passiver la surface du zinc et réduire considérablement le taux de précipitation.

Cependant, les concentrations de zinc produites exclusivement par le procédé Merrill-Crowe sont généralement faibles en raison de la quantité de zinc relativement faible requise. La concentration maximale recommandée de zinc varie en fonction du pH et de la concentration de cyanure, par exemple 0,75 g/*l* de Zn^{2+} pour une solution contenant 3 g/*l* de NaCN à pH 11.

2.3.4 La taille des particules de zinc

La précipitation par le zinc étant une réaction contrôlée par le transfert de masse, une augmentation de la surface disponible en zinc augmente la cinétique de la réaction. La taille des particules de zinc qui peut être utilisée dans les systèmes industriels est généralement limitée par les exigences liées à la filtration, aux propriétés du précipité et à la disponibilité (la qualité) des différents produits de poudre de zinc. La poudre de zinc a une surface spécifique d'environ 500 fois celle des copeaux de zinc, ce qui illustre l'importance du passage des copeaux à la poudre au début des années 1900.

2.3.5 La température

L'effet accélérateur de l'augmentation de la température sur la cinétique des précipitations a été observé lors des premières investigations sur la chimie de la réaction. Il a été rapporté que la même quantité d'or a été précipitée en 2 h à 35°C que celle précipitée en 24 h à 20°C (Leblanc, 1942). L'augmentation de la température augmente le taux de dissolution du zinc et le dégagement d'hydrogène, avec une diminution associée de l'efficacité des précipitations. Dans ces circonstances, l'ajout de plomb (II) peut réduire la consommation de zinc et améliorer l'efficacité des précipitations. Dans les systèmes à haute température traitant les éluats de carbone, ces effets ne jouent pas sur le bilan global de la précipitation de l'or.

2.3.6 La concentration en oxygène dissout

La présence d'oxygène dissous réduit la cinétique et l'efficacité de la précipitation car la réaction de réduction de l'oxygène compétie avec celle de la réduction de l'or. La gravité de cet effet dépend de la concentration en oxygène dissous et des autres conditions, principalement la température et la concentration d'or. Dans des solutions diluées de cyanure d'or à température ambiante telles que celles habituellement appliquées aux procédés de Merrill-Crowe, l'effet devient significatif à des concentrations d'oxygène dissous au-delà de 0,5 à 1,0 mg /*l*.

La concentration en oxygène dissous a un effet peu significatif sur la précipitation des solutions chaudes et de haute teneur en or, telles que celles obtenues directement à partir de l'élution du carbone (Marsden et House, 2006 ; Paul, 1986), et par conséquent, la désoxygénation n'est pas nécessaire en raison de la faible solubilité de l'oxygène dans ces conditions de températures et de la consommation d'oxygène résiduel lors de l'élution du carbone.

2.3.7 Le pH

Les premières recherches ont indiqué que la rangé de pH optimal pour la précipitation de l'or dans les solutions diluées à basse température était de 11,5 à 11,99 (Nicol et *al.* 1979 ; Parga et *al.* 1988). Par la suite, l'effet du pH s'est avéré être insignifiant pour des valeurs comprises entre 9 et 12. Les réactions de précipitation sont sévèrement retardées a pH < 8, en grande partie en raison de la forte réduction de la concentration de cyanure libre. À des valeurs de pH > 12, il a été constaté que le taux de précipitation chute fortement en raison d'un dégagement excessif d'hydrogène. Par conséquent, les systèmes industriels fonctionnent généralement dans la plage de pH appliquée à la lixiviation au cyanure, c'est-à-dire entre 10,5 et 11,5 (correspondant à environ 0,10 à 0,20 g/*l* d'hydroxyde de calcium ($Ca(OH)_2$).

2.3.8 L'effet de certains ions métalliques

L'effet bénéfique des ions plomb sur la précipitation des solutions d'or diluées à basse température est bien connu. La quantité de plomb à ajouter est critique et est plus efficace si le rapport pondéral du plomb (Pb) et du zinc (Zn), Pb : Zn, est entre 1 : 7 et 1 : 10. En pratique, des concentrations de Pb^{2+} comprises entre 0,001 et 0,01 g/*l* se sont avérées optimales pour le procédé de Merrill-Crowe applique aux solutions contenant 1 à 10 g/t Au. Une quantité excessive est préjudiciable et peut complètement arrêter les précipitations, probablement par revêtement total des particules de zinc par un film de plomb.

Autres cations métalliques divalents, tels que le mercure, le thallium, le bismuth, le cadmium et du cuivre à de très faibles concentrations, ont montré des effets similaires au plomb. Un autre avantage de l'addition de plomb est qu'il réagit avec les ions sulfure en solution ; la formation de sulfure de plomb insoluble est préférable au sulfure de zinc hautement nuisible, qui serait autrement formé directement sur la surface du zinc, empêchant sa dissolution.

2.3.9 L'effet des autres ions

Les ions sulfure sont connus pour avoir les effets les plus sévères sur la précipitation de l'or, cette dernière cesse complètement aux concentrations d'ions sulfure supérieures à 14 mg/*l*, en raison de la formation d'une couche insoluble de sulfure de zinc sur la surface des particules de zinc (Marsden et House, 2006).

L'arsenic, l'antimoine, le cuivre, le nickel et le cobalt peuvent tous avoir de graves effets néfastes sur la précipitation, tandis que le sulfite, le sulfate, le thiosulfate, le thiocyanate et le fer ont relativement peu d'effet, même à des concentrations élevées.

Bien que bénéfique pour la précipitation de l'or à faible concentration, le mercure peut perturber les précipitations et réduire son efficacité en formant un dépôt gélatineux difficile à filtrer. La présence de concentrations élevées de mercure (> 50 g/t) réduit considérablement l'efficacité de la précipitation de l'or (Sheerin, 1990).

2.3.10 L'effet des espèces organiques

Diverses espèces organiques, y compris les acides humiques et fulviques, qui se trouvent naturellement dans certains les minerais et les réactifs tensioactifs sont soupçonnés d'avoir des effets néfastes sur la précipitation de l'or par le zinc sous certaines conditions. Quelques exemples de ces espèces sont les agents collecteurs et les agents mousseux utilisés pour la flottation, les huiles et fluides hydrauliques des équipements du process, les produits chimiques antitartre (phosphonates, acrylates, acide maléique, etc.) et les floculants. Dans tous les cas, les effets indésirables sont mal quantifiés et mal compris, mais attribués au colmatage des surfaces de zinc et les difficultés liées à la filtration du produit.

En conclusion, l'*electrowinning* présente plusieurs avantages par rapport à la technique de précipitation de l'or par le zinc pour le traitement des solutions concentrées (Marsden et House, 2006) :

- Pas de produits chimiques à introduire dans le processus après chaque cycle ;

- Le processus est plus sélectif pour l'or et l'argent que pour le cuivre et le produit obtenu est généralement de haute pureté.

Cependant, il présente les inconvénients suivants (Diaz,2004) :

- A des débits élevés, de mauvais rendements d'extraction sont obtenus à chaque passage de l'éluat dans la cellule et par conséquent l'efficacité du système s'appuie sur la recirculation des solutions pour atteindre un niveau acceptable de récupération ;
- Le mercure peut se révéler plus dangereux pour la santé dans les systèmes d'*electrowinning* que dans les circuits fermés de précipitation par le zinc ;
- La libération d'ammoniac (produite par la décomposition du cyanure par la chaleur pendant l'élution du carbone et transportée à l'*electrowinning*) et d'hydrogène gazeux lors de l'*electrowinning* peut poser des problèmes de santé et d'environnement, nécessitant des installations supplémentaires pour leur gestion.

CHAPITRE 11

LE RAFFINAGE DE L'OR

Le processus de raffinage tel que décrit dans ce chapitre consiste en la purification des produits de l'or obtenus par les processus de récupération antérieurs, notamment à travers l'*electrowinning* et la précipitation par le zinc, qui contiennent généralement une teneur en or supérieure à 10%. En outre, un certain nombre de sous-produits des processus d'extraction et de raffinage de l'or (particules fines de carbone chargées, scories de raffinage, les poussières chargées d'or, vieux creusets et revêtements de four, etc.) peuvent être davantage traités pour la récupération de l'or.

Les méthodes appliquées dépendent de la nature du matériau, du type et de la quantité d'impuretés présentes. Le raffinage est généralement effectué en deux étapes :

- Traitement au point de production (sur le site de la mine) pour produire des lingots bruts de teneur généralement 90% à 99% en métaux précieux (or et argent) ;
- Raffinage des lingots bruts de la première étape pour produire de l'or et de l'argent de haute pureté à vendre.

La première étape, qui fait l'objet de ce chapitre, peut être appliquée à un coût relativement faible sur le site minier, même pour les petites unités de production de métaux précieux. Cela donne un produit de volume réduit, facile à transporter ; pouvant être échantillonné et analysé pour permettre la réconciliation métallurgique.

La deuxième étape est généralement réalisée par des raffineries spécialisées, qui peuvent traiter les lingots d'or plus économiquement à plus grande échelle ; par exemple les raffineries comme Rand

Refinery (Johannesburg, Afrique du Sud), Johnson Matthey (Utah, États-Unis) et Perth Mint (Perth, Australie). La pureté du produit final dépend de son utilisation finale : généralement 99,6% en or pour les bijoux et les lingots monétaires et 99,99% en or pour la production de pièces. La purification à l'échelle de la mine se fait généralement en deux étapes : la calcination et la fonte.

1. LA CALCINATION

Dans le contexte du raffinage, la calcination est appliquée pour transformer les métaux de base tels que le zinc, le fer, le plomb et le cuivre en leurs oxydes respectifs. Les impuretés d'oxydes sont ensuite facilement éliminées par la fonte. Les sulfures sont également oxydés. L'oxydation (la calcination) est plus efficace dans la plage de températures de 600°C à 700°C. Cela permet une conversion efficace des métaux de base en leurs oxydes, typiquement entre 12 à 18 h. Sans l'étape de calcination, la fonte nécessiterait une plus grande quantité de *flux*[1], un apport plus important de chaleur et prendrait beaucoup plus de temps.

De petite quantité de zinc métallique peut se volatiliser pendant la calcination en raison de sa pression de vapeur relativement élevée, ce qui peut entraîner des pertes mineures d'or et d'argent transportés avec la vapeur. De la silice (jusqu'à 20%) peut être ajouté à la charge du four pour former de l'oxyde de zinc (éliminé dans le laitier) et réduire ainsi le degré de volatilisation et les pertes or-argent correspondantes. L'addition de nitrate de sodium entre 3% et 10% (et jusqu'à 20% dans certains cas) a été utilisée pour faciliter l'oxydation pour le cas des matériaux riches en métaux de base, bien que ce n'est plus largement appliquée.

La couleur du produit de calcination fournie une bonne indication de la qualité du produit, c'est-à-dire du degré de conversion des métaux de base en oxydes. Elle varie en fonction de la composition originale du matériau mais devrait idéalement être rouge-brune lorsque l'oxydation des métaux de base a été effective et noire ou grise en cas de non-oxydation ou mauvaise oxydation.

[1] *Flux* : mélange de produits chimiques servant à fondre le produit brut destiné à être purifié.

2. LA FONTE

L'image 9 illustre une opération de coulée après la fonte. Le but de la fonte est d'éliminer les impuretés métalliques et autres pour produire un lingot d'or et d'argent généralement pur à plus de 95% en métaux précieux. Le produit final appelé *Bullion* est envoyé à la raffinerie pour une purification ultérieure en fonction de l'usage finale (99,6 à 99.99% d'or).

La fusion consiste à chauffer le matériau en présence de *flux* à des températures élevées, typiquement entre 1 200°C et 1 400°C (Marsden et House, 2006). Cette température maximale est maintenue pendant environ 1,5 h pour assurer une séparation complète des impuretés dans le laitier. L'or et l'argent fondus forment un alliage qui est plus lourd que le laitier qui se dépose au fond du creuset de coulée. Le lingot ou alliage or-argent est ensuite débarrassé de ses débris appelés scories. L'efficacité de la séparation dépend de la qualité du laitier formé, c'est-à-dire sa teneur en or (et en argent) ainsi qu'en métaux de base (et autres impuretés).

L'efficacité de la fonte dépend de la nature du matériau d'or, des propriétés du *flux* utilisé et des conditions appliquées (température, temps de fusion, quantité de la charge, etc.). La silice est généralement le principal constituant du *flux* car il a la capacité de dissoudre la plupart des oxydes métalliques. La silice a une température de fusion élevée (1 723°C) et a tendance à former un laitier très visqueux qui peut entraîner des métaux précieux. L'ajout d'oxydes de sodium et de bore (ou borax [$Na_2B_4O_7.10H_2O$]) réduit à la fois la température de fusion et la viscosité.

Les quantités de silice et de borax ajoutées à la charge dépendent des teneurs en métaux de base et autres impuretés dans la charge. Au fur et à mesure que la fonte se poursuit, l'acidité du laitier diminue progressivement à mesure que les métaux de base réagissent avec les composants du *flux*. Une fois que la réaction est terminée, le laitier doit être neutre ou légèrement acide pour protéger le revêtement du four et les creusets contre la corrosion par les substances alcalines.

D'autres produits chimiques peuvent être ajoutés au *flux* pour diverses raisons à savoir :

- Le fluorure de calcium (CaF_2), qui réduit la viscosité des scories ;

- Le carbonate de sodium (Na_2CO_3), qui améliore la clarté du laitier et diminue la viscosité, ce qui réduit l'entraînement des métaux précieux ;
- Les oxydants, tels que le nitrate de sodium (nitre) et le dioxyde de manganèse (pyrolusite), qui aident à l'oxydation des espèces non oxydées (les métaux de base).

L'ajout de fluorure de calcium et de carbonate de sodium (Na_2CO_3) peut provoquer la formation de mousse et/ou augmenter des pertes par volatilisation des métaux précieux, selon la composition de la charge et la température de fusion. Par conséquent, des précautions doivent être prises lors de l'application de ces modifications.

Bien que la fonte soit plus efficace sur des matériaux ayant préalablement subis une oxydation complète, la fonte directe occasionnelle de produits non oxydés est la méthode la plus rentable. Dans ces cas, l'oxydation doit être réalisée pendant l'étape de fonte elle-même. La fonte directe des cathodes en laine d'acier nécessite l'utilisation d'un *flux* fortement oxydant pour oxyder complètement tout le fer présent et l'éliminer dans le laitier (Menne, 1986). Le dioxyde de manganèse peut être utilisé lorsqu'une petite proportion de la charge doit être oxydée (zinc ou plomb résiduel dans le produit de calcination).

L'utilisation d'agents oxydants lors de la fonte nécessite des précautions car l'argent peut être oxydé et perdu dans les scories, et les pertes d'or peuvent également être augmentées. La suraddition doit être évitée. Les composants chimiques du fondant sont sélectionnés pour optimiser la qualité du laitier et pour maximiser la durée de vie des creusets et du revêtement du four. Certains laitiers sont plus corrosifs que d'autres.

Une fois la fonte terminée, le laitier est déversé et l'alliage de métaux précieux est retiré du four. Le métal est refroidi dans des moules à barres. Idéalement, le laitier doit être clair et uniforme, avec une coloration gris-verdâtre. Le laitier peut être refroidi à l'air ou dans un jet d'eau. Les laitiers ayant une haute teneur en métaux précieux sont généralement broyés et refondus pour récupérer les métaux précieux résiduels. Les laitiers de faible teneur sont écartés ou écrasés puis retraités. En général, lorsque la fonte est effectuée sur un site minier, le laitier de faible teneur en métaux précieux est acheminé dans le circuit de broyage.

Image 9. Photo illustrative de la coulée de l'or.

CHAPITRE 12

TRAITEMENT DES MINERAIS D'OR REFRACTAIRES

Du point de vue métallurgique, les minerais peuvent être classifiés selon le Tableau 7 en fonction du taux de récupération de l'or par la méthode de cyanuration conventionnelle (Amankwah et *al.*, 2013). Voir le chapitre 2 pour plus de détails sur les différents types de minerais d'or.

Tableau 7. Classification des minerais réfractaires en fonction du degré du caractère réfractaire (Amankwah et al. 2013).

Classification	Pourcentage de récupération de l'or
Free Milling	> 95%
Faiblement réfractaire	80 à 95%
Modérément réfractaire	50 à 80%
Très réfractaire	< 50%

Il existe plusieurs causes possibles qui expliquent le caractère réfractaire d'un minerai. Il n'existe pas de programme universellement applicable pour l'évaluation et la sélection d'un procédé de traitement d'un minerai réfractaire. Le procédé de traitement est spécifique à chaque projet et doit être soigneusement étudié et mis en place après avoir établi les causes du caractère réfractaire du minerai.

Ce chapitre permet une meilleure compréhension des différentes causes possibles du caractère réfractaire d'un minerai et donne un aperçu sur les procédés de traitement les plus couramment utilisés pour ces types de minerais. Des exemples pratiques de traitement dans des mines industrielles ont été utilisés pour illustrer les procédés évoqués.

1. LES CAUSES DU CARACTERE REFRACTAIRE D'UN MINERAI

Le caractère réfractaire du minerai d'or varie avec la minéralisation de l'or. Ces associations de minéraux se produisent lors de la lixiviation géologique, du transport et du dépôt des minéraux dans la croûte terrestre (McKibben, 2005). Ces causes peuvent être également liées à la minéralogie de la gangue associée à l'or. Les différentes causes du caractère réfractaire des minerais d'or peuvent être résumées comme suit :

- L'encapsulation ou verrouillage physique des particules d'or, empêchant leurs accès par les réactifs de lixiviation ;
- Le verrouillage chimique des atomes d'or : les atomes d'or occupent des sites spécifiques dans la maille cristallographique des minéraux, empêchant leurs accès par les réactifs de lixiviation.
- La gangue hébergeant les particules d'or contient des minéraux très réactifs qui compétissent avec l'or dans la consommation des réactifs de lixiviation ;
- L'or dissout est re-adsorbé par certains matériaux et entrainé avec les résidus ;
- Il se forme des précipités dans la solution de lixiviation qui passivent les particules d'or et empêchent leur dissolution complète ;
- Une combinaison de certains des effets ci-dessus, ce qui rend plus complexe le procédé d'extraction.

1.1 L'encapsulation physique des particules d'or

L'or peut être physiquement être verrouillé par des silicates, des oxydes et des sulfures. Sa formation est principalement due à des processus naturels de dissolution hydrothermale, de concentration et de précipitation. Mohammadnejad et *al.* (2013) ont proposé que l'or dissous (ions Au) est réduit en solide (Au^0) au contact des silicates et se dépose à leur surface. Les sulfures sont également connus pour réduire l'or dissous (Marsden et House, 2006). Une fois déposé, les réactions hydrothermales conduisent à un verrouillage physique de l'or tel qu'illustré à la figure 25.

Les recherches de Saunders (1990) ont montré que le refroidissement de la silice colloïdale (particules de silice très minuscules) conduit au piégeage de colloïdes d'or. Les particules d'or dans ces minéraux peuvent avoir des tailles très petites (submicroscopiques) à des tailles considérables (pépites).

Dans les système latéritiques, l'or est associé à diverses formes d'oxydes (Enzweiler et Joekes, 1991 ; Greffié et *al.*, 1996). Le contact de l'or avec l'oxyde en particulier, l'oxyde de fer s'explique par des réactions d'oxydation-réduction entre Fe^{2+}/Fe^{3+} et Au^{3+}/Au^{0} formant de l'or métallique, adsorbé ou piégé par les oxydes de fer.

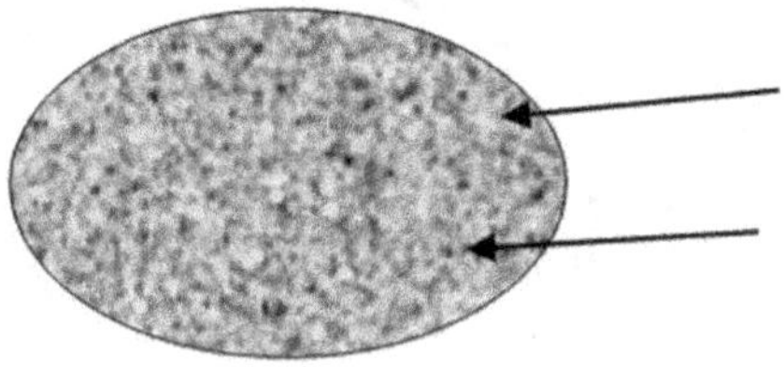

Figure 25. Illustration de l'encapsulation physique des particules d'or.

1.2 Verrouillage chimique des atomes d'or

Dans ce type de minerai, l'or est chimiquement piégé par ses minéraux hôtes. Les tellurures d'or (les plus courant sont la sylvanite ($(Au,Ag)_2Te_4$), la calavérite ($AuTe_2$) et la petzite (Ag_3AuTe_2)) et les sulfures d'or (pyrite (FeS_2)) sont des exemples de minerais dans lesquels les atomes d'or sont intégrés dans le réseau d'atomes S, Fe et Te. Dans certains gisements, il a été prouvé que l'or est chimiquement combiné aux sulfures et aux tellurures plutôt que des inclusions discrètes sous forme métallique.

Les investigations de Chen et *al.* (2014) ont révélé que l'or existerait très probablement dans pyrite par insertion dans des sites interstitiels du réseau d'atomes en remplacement des atomes S et Fe. La figure 26 montre les quatre types de mécanismes de formation possibles d'or dans une maille de pyrite ($Fe_{32}S_{64}$) étudiée par Chen et *al.* (2014).

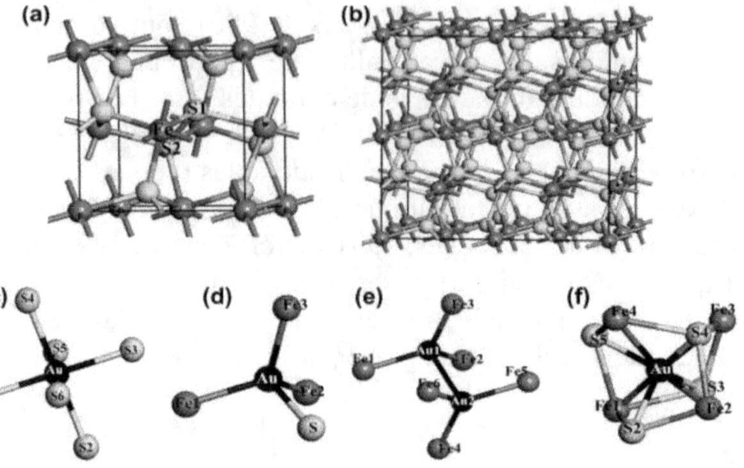

Figure 26. Structure cristallographique de minerais de pyrite illustrant les substitutions atomiques des atomes de Fe et S par Au : Maille simple FeS_2 (a), supercellule $Fe_{32}S_{64}$ (b), un atome Au substituant l'atome Fe ($Fe_{31}S_{64}Au$) (c), un atome Au substituant à un atome S ($Fe_{32}S_{63}Au$) (d), deux atomes Au substituant à un dimère S-S ($Fe_{32}S_{62}Au_2$) et l'incorporation de Au dans un site de réseau interstitiel ($Fe_{32}S_{64}Au$) Chen et *al.* (2014).

1.3 Gangue contenant des minéraux très réactifs

La récupération de l'or par le processus de cyanuration s'accompagne souvent d'une lixiviation d'autres espèces (sulfures, cuivre, argent, antimoine, arsenic, etc.). Ces réactions secondaires épuisent le cyanure libre et l'oxygène nécessaires à l'extraction de l'or. Il a été démontré que la quantité stœchiométrique de cyanure libre nécessaire à la plupart des processus de récupération d'or est inférieure à 1% de la quantité totale de cyanure consommée (Petre et *al.*, 2008). Ces minéraux consommateurs de cyanure et d'oxygène sont appelés des espèces cyanicides (par exemple S, Cu, Zn, Fe, Ni, etc.). Ils détournent le lixiviant pour la formation de complexes sans valeur économique.

La présence des espèces cyanicides en teneur élevée peut compromettre sérieusement l'efficacité de la cyanuration de l'or. Un exemple de ce comportement est la dissolution de la pyrite. En se basant sur l'équation bilan de la réaction de dissolution, pour un minerai contenant 1% de pyrite, la quantité stœchiométrique de NaCN nécessaire pour dissoudre la totalité de la pyrite est de 32,6 kg/t avec un besoin en oxygène de 2,7 kg/t de minerai, si tout le fer et le soufre étaient consommés par des espèces de cyanure uniquement (Marsden et House, 2006). Cette consommation de cyanure peut épuiser la solution de lixiviation du cyanure nécessaire à la dissolution de l'or.

1.4 L'effet *preg-robbing*

Au cours de la lixiviation, l'or dissous est parfois adsorbé à partir de la liqueur de lixiviation par des espèces, ce qui le rend indisponible pour la concentration par le carbone actif ou la résine. L'or adsorbé par ces composants du minerai se retrouve entrainé dans les résidus. Lorsque l'ion $Au(CN)_2^-$ est adsorbé par les matières carbonées présentes dans le minerai, le phénomène est appelé *preg-robbing* ou « vol d'or ».

La capacité de la matière carbonée à voler l'or varie considérablement entre les minerais carbonés. Les minerais contenant des espèces voleuses d'or dont la capacité d'adsorption est inférieure à 1 g/t Au sont faiblement réfractaires, tandis que ceux contenant des espèces en mesure d'adsorber plus de 500 g/t Au sont dits très réfractaires (Dunne et *al.*, 2012). Le processus d'adsorption de l'or par des matériaux carbonés ne doit pas être confondu avec l'encapsulation physique de l'or.

Outre les matières carbonées, les minéraux de sulfure, de cuivre, d'argile et de silicates peuvent adsorber l'or dissous pendant la cyanuration (Marsden et House, 2006). Les matériaux carbonés présents dans le minerai proviennent de la transformation métamorphique à l'état solide (graphitisation) des matériaux organiques (résidus de végétaux ou d'animaux) initialement en contact avec la roche.

1.5 Passivation de l'or pendant la lixiviation

Pendant la lixiviation, certaines espèces ioniques forment des couches adsorbantes intermédiaires stables et des couches d'oxyde à la surface du minerai d'or (Marsden et House, 2006). Habituellement, dans les systèmes où la passivation de l'or se produit, un très faible taux de réaction est enregistré. Des minéraux tels que la chalcocite, la pyrrhotite, le tellurure d'or, la chalcopyrite, la pyrite et la stibnite forment des films de passivation qui retardent la dissolution de l'or pendant la lixiviation. L'augmentation de la concentration des espèces passivantes entraîne un blocage physique du de l'or entravant sa dissolution. Ces précipités se forment dans des conditions hydrométallurgiques favorables (Zhang et *al.*, 2009 ; Kyle et *al.*,

2012). En principe, la passivation augmente avec le pH jusqu'à un point d'alcalinité très élevé à partir duquel la passivation diminue avec une nouvelle augmentation du pH (Bagotsky, 2005).

2. HYDROMETALLURGIE DES MINERAIS REFRACTAIRES

2.1 Le prétraitement oxydatif

Les procédés de traitement oxydatif peuvent être utilisés comme prétraitement pour les minerais sulfurés, carbonés et les tellurures pour augmenter le taux d'extraction de l'or par des procédés standards d'hydrométallurgie, généralement la cyanuration. Les procédés de traitement oxydatif sont appliqués si le traitement par cyanuration conventionnelle donne une récupération d'or inacceptablement faible ou n'est pas rentable pour une des raisons suivantes :

- L'or est enfermé dans une gangue telle que les sulfures et ne peut être adéquatement libéré, même par broyage fin ;
- L'or se trouve dans des minéraux qui consomment des quantités inacceptables de réactifs, par exemple, la pyrrhotite, la marcassite et l'arsénopyrite ;
- L'or se trouve avec des matériaux carbonés qui volent l'or pendant la lixiviation ;
- Toute combinaison de ces cas.

Les méthodes disponibles pour l'oxydation se répartissent en deux grandes catégories : hydrométallurgique et pyrométallurgique. Les options de ces catégories sont résumées dans le tableau 8.

L'oxydation pyrométallurgique des minerais sulfurés et carbonés par grillage a été pratiquée dans le monde entier depuis des décennies et a fait ses preuves. Cependant, la législation de plus en plus rigoureuse visant à contrôler les émissions de gaz pour la protection de l'environnement dans le monde a augmenté la complexité et le coût de ce processus. Les méthodes hydrométallurgiques, autres que les simples techniques de préaération, ont été développées au cours de ces dernières années et elles présentent des alternatives intéressantes pour de nombreux minerais réfractaires, comparées aux techniques de grillage.

2.1.1 Oxydation à basse pression ou préaération

L'oxygène dissous en solution dans les conditions ambiantes est capable d'oxyder les minéraux de sulfure. Cela peut être appliqué comme une simple étape de pré-ventilation ou préaération, peu coûteuse, avant la lixiviation pour oxyder et/ou passiver les surfaces de certains sulfures, consommant de grandes quantités de réactifs, tels que la pyrrhotite et la marcasite. Ce traitement a généralement pour résultat une oxydation partielle (en surface) des sulfures et ne convient pas au traitement des minerais où l'or est intimement associé aux sulfures.

L'oxydation est généralement effectuée dans une plage de pH 8 à 11, bien que le pH ne semble pas critique. Dans la plupart des procédés qui utilisent une étape de préaération, le pH est ajusté à celui requis pour une cyanuration ultérieure avant le traitement (c.-à-d. 10,0 à 11,0). L'ajout de petites quantités d'un sel de plomb soluble tel que le nitrate de plomb ou l'acétate, peut aider à la passivation des surfaces minérales réactives de sulfure (Liddell, 1989). Le plomb forme un hydroxyde insoluble et éventuellement du sulfate de plomb en fonction du pH et de la concentration en sulfate de la solution. Ces deux substances sont largement insolubles dans les solutions alcalines diluées de cyanure.

Dans les solutions à haute teneur en carbonates, du carbonate de plomb insoluble peut se former (Garrels et Christ, 1965). Les ions plomb peuvent également catalyser les réactions d'oxydation des sulfures, bien que cela ne soit pas bien compris. Ils peuvent également augmenter les taux de lixiviation de l'or (Marsden et House, 2006).

D'autres réactifs tels que la chaux et le ciment ont été ajoutés aux minerais pendant la préaération, avec pour effet combiné la modification du pH et la passivation des surfaces de sulfures tout en neutralisant tout acide qui se forme à la surface du minéral.

Le taux d'oxydation dépend du transfert de masse d'oxygène à la surface des minéraux, qui est principalement fonction de la concentration en oxygène dissous, du degré de mélange et la température. En pratique, la faible solubilité de l'oxygène dans l'eau à la pression atmosphérique limite le taux d'oxydation qui peut être atteint. La concentration en oxygène dissous peut être augmentée en augmentant la pression partielle d'oxygène dans la phase gazeuse. Par exemple, l'utilisation d'oxygène pur plutôt que d'air augmente la pression partielle d'oxygène par un facteur d'environ 5.

Tableau 8. Résumé des procédés de prétraitement oxydatifs.

Type	Méthode d'oxydation	Technologie actuelle	Types de minerais
Hydrométallurgique	Oxydation à faible pression ou préaération	Viable à l'échelle industrielle	Faiblement réfractaire ; faible quantité de sulfures réactives (ex. : pyrrhotite et marcasite).
	Oxygénation à haute pression en milieu acide	Viable à l'échelle industrielle	Arsenic et sulfures ; faible carbonates ; hautement sulfurés.
	Oxygénation à haute pression en milieu non acide	Viable à l'échelle industrielle	Arsenic et sulfures ; faiblement sulfurés ; carbonates élevés.
	Chloration/ Chlore	Viable à l'échelle industrielle	Carbonés et tellurides ; faiblement sulfurés.
	Biologique	Viable à l'échelle industrielle pour les concentrés de flottation, non prouvé pour le traitement de tout le minerai.	Arséno-sulfurés (Arsénopyrite et marcasite).
Pyrométallurgique	Grillage	Viable à l'échelle industrielle	Sulfures ; arsenic ; carbonés et tellurides.

En pratique, le prétraitement oxydatif à basse pression consiste à injecter de l'air ou de l'oxygène dans des réservoirs agités pendant une durée suffisante, généralement de 4 à 24 h, pour permettre une oxydation et/ou une passivation adéquate des minéraux cyanicides avant l'étape de la cyanuration. L'air est une source d'oxygène dissous beaucoup moins chère que l'oxygène pur, cependant dans certains cas, l'oxygène pur peut augmenter considérablement les taux d'oxydation. Le peroxyde d'hydrogène pourrait également être utilisé pour l'oxydation à basse pression, mais est économiquement défavorable pour la plupart des minerais.

L'activation mécanique des surfaces de minéraux de sulfures peut se produire pendant les opérations de broyage et en particulier lors du broyage ultrafin jusqu'à des tailles de particules inferieures à 15 µm (5 à 10 µm dans certains cas). Une telle activation mécanique peut augmenter considérablement le taux d'oxydation de certains minéraux sulfurés dans les conditions atmosphériques.

2.1.2 Oxydation sous haute pression en milieu acide

Les minéraux sulfurés peuvent se décomposer rapidement en milieu acide (pH < 2) à température et pression élevées (100 à 170°C), en utilisant l'oxygène comme oxydant principal. Les espèces de fer (III) qui sont formées jouent également le rôle d'oxydants dans de nombreuses réactions. La réaction est effectuée dans des récipients appropriés, appelés autoclaves, qui sont capables de supporter les hautes températures et pressions requises.

Les minerais ou concentrés de sulfures réfractaires contenant environ plus de 4% de soufre peuvent être traités de façon autogène (c.-à-d. en utilisant la teneur en soufre du minerai comme source de chaleur totale) pour rendre le minerai susceptible à la lixiviation au cyanure (Berezowsky et Weir, 1989). Les matériaux contenant moins d'environ 4% de soufre peuvent nécessiter un apport de chaleur supplémentaire pour une oxydation sous pression efficace.

La cinétique de la réaction d'oxydation dépend des facteurs tels que :

- Le transfert de masse d'oxygène à la surface des minéraux : Typiquement, des pressions partielles d'oxygène de 150 à 700 kPa sont appliquées avec des pressions totales entre 1 500 et 3 200 kPa ;
- La température et la pression : Le taux d'oxydation augmente avec l'augmentation de la température, cependant l'exigence de pression augmente également avec l'augmentation de la température. Par exemple, l'oxydation à une température de 250°C nécessite une pression d'environ 6 200 kPa. La température et la pression de fonctionnement sont généralement maintenues à des niveaux minimaux suffisants pour éviter la formation de soufre élémentaire et pour fournir

la pression partielle d'oxygène souhaitée pour une oxydation efficace des minéraux sulfurés ;

- La concentration en acide : Typiquement, la concentration d'acide est maintenue au-dessus de 10 g/*l* d'acide sulfurique (H_2SO_4) (Berezowsky et Weir, 1989). Les systèmes qui traitent des minerais à faible teneur en soufre (environ < 2% de S) et/ou minerais contenant des consommateurs d'acide peuvent nécessiter des ajouts significatifs d'acide pour maintenir la concentration d'acide désirée ;
- D'autres facteurs tels que le potentiel de la solution, le degré d'agitation, la densité de la pulpe et la taille des particules jouent un rôle important dans la cinétique de la réaction d'oxydation.

En pratique, le prétraitement oxydatif à haute pression en milieu acide se déroule en trois étapes :

- La préparation du matériau d'alimentation : Le minerai ou le concentré de sulfure broyé peut être soit alimenté directement dans le circuit d'oxydation, soit prétraité avec de l'acide pour éliminer tout ou une partie des carbonates réactifs présents. De nombreux matériaux sulfurés contiennent des carbonates qui, s'ils ne sont pas éliminés, se décomposent sous l'oxydation et dégage du dioxyde de carbone, réduisant ainsi la pression partielle d'oxygène dans le système. Le besoin de prétraitement dépend de la teneur en sulfures et en carbonates (et d'autres minéraux consommateurs d'acide) de la matière première ; c'est-à-dire la production d'acide et la consommation d'acide, de chaque minerai doivent être considérées individuellement. À titre indicatif, un minerai contenant 3% de soufre et plus d'environ 3% de carbonate (CO_3) bénéficieront probablement du prétraitement. Les matériaux à faible teneur en soufre (< 1%) et à haute teneur en carbonate (> 10%) nécessitent certainement un prétraitement et peuvent être mieux traités par oxydation en milieu non acide. Les matériaux à haute teneur en sulfure (> 6%) et à faible teneur en carbonate (< 3%) n'ont pas nécessairement besoin d'un prétraitement ;
- L'oxydation : La pulpe est préchauffée, si nécessaire, et pomper dans l'autoclave d'oxydation. Elle est introduite dans

le premier compartiment et circule en cascade à travers les compartiments suivants. Chaque compartiment est équipé d'un ou de plusieurs agitateurs et de l'oxygène est injecté dans la suspension pour assurer une dispersion efficace de l'oxygène. Une série de récipients à pression décroissante réduisent séquentiellement la pression de la pulpe au fur et à mesure qu'elle progresse dans l'autoclave, permettant à celle-ci d'être refroidie et libérée à la pression atmosphérique.

L'oxydation sous pression des matériaux à haute teneur en soufre (> 10%) peut entraîner un dépôt de soufre élémentaire sur les surfaces des sulfures et provoquer une agglomération de sulfures n'ayant pas réagi. Ceci peut être réduit en élevant les températures de fonctionnement (> 220°C) ou, si nécessaire, par l'utilisation d'additifs d'oxydation (lignosulfonate de calcium), qui aident à disperser le soufre. Le temps de séjour requis dans l'autoclave dépend de la cinétique de l'oxydation ;

- La neutralisation des produits oxydés : Après l'oxydation et la baisse à la pression atmosphérique, la pulpe oxydée doit être neutralisée et son pH ajusté entre 10,0 et 11,0 pour préparer la lixiviation au cyanure. Les deux principales options disponibles sont : la neutralisation directe (des matériaux solides et liquide) ou la séparation solide-liquide (deux produits neutralisés indépendamment). La première option est la plus simple, cependant, il peut y avoir précipitation d'espèces dissoutes pouvant envelopper les particules d'or exposées lorsque le pH augmente. De plus, cette option ne permet pas de recycler l'acide généré pendant l'oxydation. L'autre option permet de séparer une grande partie de la solution des solides contenant l'or avant la neutralisation et la précipitation. Cela réduit la quantité d'acide à neutraliser avant cyanuration et permet de recycler la solution acide pour une utilisation ultérieure.

  Les avantages de filtrer et puis laver les solides oxydés sont plus importants pour les matériaux à haute teneur en soufre, car ceux-ci ont tendance à produire des quantités de précipités indésirables. La neutralisation est généralement effectuée par ajout de calcaire broyé (ou d'autres source de carbonate) et/ou de la poudre de chaux à la pulpe ou à la solution acide.

2.1.3 Oxydation sous haute pression en milieu non acide

L'oxydation sous pression en milieu neutre ou faiblement alcaline utilise des conditions similaires de température, de pression et d'oxygénation que le processus en milieu acide, décrit à la section 2.1.2 ci-dessus. Le procédé est applicable au traitement des minerais réfractaires qui contiennent des concentrations élevées de carbonates (consommant des acides), mais ont une faible teneur en soufre. La principale différence est qu'aucun acide n'est ajouté au processus et tout acide généré est rapidement neutralisé par les carbonates présents dans le minerai. Les facteurs qui affectent l'efficacité de l'oxydation sous pression en milieu non acide sont similaires à ceux en milieu acide décrits plus haut et ne seront pas reproduits ici.

Dans des solutions neutres et alcalines, et en présence d'oxygène dissous, la pyrite, la pyrrhotite, l'arsénopyrite et la chalcopyrite sont oxydées. Les oxydes ou hydroxydes métalliques insolubles formés peuvent recouvrir des surfaces d'or et de sulfures minéraux, réduisant à la fois la solubilité de l'or et le degré d'oxydation des sulfures. Ces problèmes sont exacerbés lorsque la teneur en soufre augmente et par conséquent ce traitement est mieux adapté aux minerais à faible teneur en soufre. Les minerais à forte teneur en carbonates (> 10% CO_3^{2-} environ) et à faible teneur en soufre (< 2% S environ) ont un faible potentiel de génération d'acide du fait de la consommation d'acide par les carbonates ; ils sont par conséquent plus adaptés à l'oxydation sous pression en milieu non acide (Marsden et House, 2006).

2.1.4 Prétraitement oxydatif au chlore

Les solutions aqueuses de chlore ont de fortes capacités oxydantes et ont été utilisées largement comme des oxydants dans le traitement des eaux et des effluents. La chloration des minerais d'or carbonés a été développée à la fin des années 1960 et a été appliquée avec succès depuis 1971 au niveau de deux grandes mines au Nevada. Dans ce dernier cas, le chlore a été utilisé pour désactiver matière carbonée *preg-robbing* ou *preg-borrowing*.

Le chlore gazeux est très soluble dans l'eau et se dissout pour former de l'acide chlorhydrique et l'acide hypochloreux (HClO), qui se dissocient ensuite en espèces ions H^+, Cl^- et ClO^-.

$$Cl_2(aq.) + H_2O \leftrightarrow HCl + HOCl \qquad (24)$$

Les espèces HOCl et Cl_2 aqueuses sont des agents oxydants puissants, HOCl étant l'espèce préférée pour l'oxydation des sulfures et pour la désactivation de la matière carbonée. En plus de l'application pour l'oxydation des minéraux sulfurés et la désactivation des matières carbonées, le couple chlore-chlorure est également capable de dissoudre l'or, l'argent et surtout les alliages Au-Ag-Te réfractaires à la cyanuration.

Les minerais contenant de faibles teneurs en matières carbonées ou d'autres matériaux adsorbant l'or, peuvent être traités efficacement en ajoutant des produits chimiques tensioactifs appropriés au minerai avant la cyanuration. Ce processus est parfois appelé « aveuglement » ou « *blinding* » des minéraux voleurs d'or. Les produits tensioactifs couramment utilisés pour ce processus sont le kérosène, le diesel, le laurylsulfate de sodium et le sulfate de pétrole (Adams et Burger, 1998). Bien que cette technique soit généralement moins chère que la chloration, elle n'est pas toujours efficace et la chloration ou le grillage peut être nécessaire.

La chloration est plus efficacement à pH entre 3 et 5, plage où prédomine l'espèce HClO. L'efficacité de la désactivation est réduite à $pH < 2$ et $pH > 6$ en raison de la réduction de l'activité de l'espèce HClO. Des concentrations d'acide hypochloreux d'environ 1 g/*l* sont nécessaires pour une désactivation efficace de la matière carbonée, cependant, la concentration exacte dépend de la quantité des espèces réactives dans le minerai (par exemple les sulfures et les carbonates) et les conditions de la solution.

La chloration n'est pas une méthode économique de traitement des minerais sulfurés réfractaires à cause de la consommation excessive de chlore. Pour cette raison, la chloration est limitée au traitement des minerais à faible teneur en sulfures, généralement inférieur à environ 1%. Les minerais réfractaires concentrés en sulfures devraient être traités par l'une des options alternatives telles que la préaération, l'oxydation sous pression ou le grillage.

En pratique, l'étape de chloration est réalisée dans des cuves bien agitées à température variant entre 35°C à 50°C. Le chlore gazeux est injecté dans la suspension à partir de la base de la cuve pour assurer une utilisation efficace du chlore (c.-à-d. > 90%). Les gaz générés sont aspirés dans une solution de carbonate-bicarbonate qui retourne dans le circuit de chloration. Le temps de rétention dans le circuit de chloration varie entre 10 et 20 h. Le transfert de chlore vers le circuit de lixiviation au cyanure est hautement indésirable car il réagit avec le cyanure pour former du chlorure de cyanogène (NCCl), entraînant une consommation élevée de cyanure.

Un système de lavage permet de baisser la concentration des espèces hypochloreux à moins de 0,05 g/*l* au stade final, ce qui est acceptable pour alimenter le circuit de cyanuration. Les ions hypochloreux résiduels excédant cette valeur sont détruits par addition de bisulfite de sodium. Une étape de prétraitement au carbonate de sodium chaud (60 à 80°C) peut être nécessaire pour les minerais à teneur élevée en soufre (S > 0,5%) qui autrement consommerait trop de chlore.

2.1.5 Oxydation biologique

L'oxydation biologique par agitation dans des réservoirs (CIL/CIP) est devenue un processus commercialement éprouvé, rentable et une alternative respectueuse de l'environnement. Elle est intéressante pour le traitement de certains concentrés aurifères réfractaires, avec plus de 10 usines mises en service entre 1990 et 2005 sur les cinq continents. La technologie d'oxydation biologique en tas pour le traitement des minerais d'or réfractaires de faible teneur a été développée au cours de cette même période avec quelques opérations à petite échelle.

De nombreux types de bactéries naturelles sont capables de catalyser les réactions d'oxydation des minéraux. Le *Thiobacillus thio-oxydans* et *Thiobacillus ferro-oxydans* (mésophiles) sont largement adaptés à l'oxydation des minerais et des concentrés sulfurés aurifères car ils prospèrent à des températures proches de la température ambiante (35°C à 45°C) et se nourrissent de composés inorganiques non pathogènes (Van Aswegen et Haines, 1988). Cependant, les bactéries qui prospèrent sous des températures plus élevées, les thermophiles (ex. : *Sulfolobus*), qui peuvent prospérer à des températures élevées (65°C à 80°C) et les thermophiles modérés (ex. : *Sulfobacillus acidophilus*) qui opèrent à des températures intermédiaires (45°C à 65°C), sont de plus en plus utilisées pour obtenir une cinétique d'oxydation plus rapide dans les systèmes commerciaux (Miller et *al.*, 2004).

Les bactéries tirent leur énergie de l'oxydation des espèces de soufre et de fer mais elles nécessitent également de l'oxygène, du carbone et de l'azote pour soutenir les réactions d'oxydation et pour la croissance cellulaire. Ces produits chimiques doivent provenir soit du minerai, soit des réactifs nutritifs et/ou des ajouts d'air. Les bactéries fonctionnent mieux dans une plage de pH de 1,0 à 1,8.

Les principaux facteurs affectant la cinétique de l'oxydation biologique sont les suivants :

- La minéralogie du minerai, en particulier la teneur en soufre, en minéraux consommateurs d'acide et en constituants qui peuvent être toxiques pour les bactéries. Les grains de minéraux ayant un réseau cristallin mal ordonné (faibles liaisons atomiques) sont plus sensibles à la corrosion bactériologique ;
- Les conditions chimiques de la solution (température, pH, potentiel, densité de la pulpe). L'activité des bactéries et leur taux de croissance dépendent fortement de la température. La température optimale requise est fonction du type de bactéries et du degré d'adaptation à des conditions de température particulières. Un pH de 1,0 à 1,8 est généralement maintenu pour maximiser l'oxydation. La bio-oxydation des matériaux concentrés fonctionnent généralement à des densités de pulpe de 10 à 20% de solides. Les minerais entiers peuvent être oxydés à des densités plus élevées, généralement de 25 à 35% de solides et pouvant atteindre 40%, en raison de la faible teneur en soufre et en conséquence des besoins en oxygène plus faibles (Marsden et House, 2006) ;
- La concentration en oxygène dissous (et le transfert de masse d'oxygène). Dans l'oxydation bactérienne des sulfures, l'oxygène est nécessaire pour l'oxydation des sulfures et l'activité bactérienne. Parce que la concentration d'oxygène dissous à saturation dans l'eau au niveau de la mer et à 35°C est d'environ 7 mg/*l*, la concentration requise en oxygène dissous pour ces deux processus est théoriquement facilement atteignable dans les conditions de bio-oxydation ;
- La taille des particules : En pratique, des plages de tailles de particules similaires à celles utilisées pour les procédés de lixiviation au cyanure sont utilisés, c'est-à-dire 70% à 80% < 75 µm dans des systèmes de réservoirs agités (CIL et CIP) et 80% < 12 à 25 mm dans les systèmes de lixiviation en tas.

Des temps d'oxydation de 48 à 72 h sont généralement requis pour les matériaux qui ont une bonne réponse à l'oxydation biologique, alors que les matériaux plus résistants peuvent nécessiter des temps d'oxydation supérieurs à 120 h. Ces derniers peuvent être non économiques en raison des coûts d'investissement élevés associés à ces temps de rétention aussi longs et des besoins importants en agitation ainsi qu'en ajout d'air ou d'oxygène. La figure 27 montre le principe de fonctionnement d'une usine intégrant le processus d'oxydation biologique.

Les circuits commerciaux doivent fournir un temps de rétention suffisant au premier stade de l'oxydation pour permettre à la population bactérienne de doubler et d'assurer le maintien de la biomasse. Si ce n'est pas le cas, ou si la teneur en soufre dans le matériau d'alimentation est insuffisante pour maintenir la biomasse, alors les bactéries ne peuvent pas se reproduire aussi rapidement pour maintenir la biomasse. Cela peut entraîner un «délavage» des bactéries, après quoi l'oxydation cesse.

La teneur en soufre du matériau d'alimentation est extrêmement importante. Les systèmes qui traitent des matériaux à faible teneur en soufre, inférieur à 1% en soufre, nécessiteront un chauffage ou un ajout de soufre supplémentaire (par exemple de la pyrite) à l'alimentation pour permettre le maintien de la température optimale de fonctionnement, bien que cela dépende également d'autres facteurs tels que le climat, la conception du réacteur et la densité de la pulpe. De plus, une quantité suffisante de soufre est nécessaire pour la croissance des bactéries. Les matériaux à haute teneur en soufre (> 2%) peuvent nécessiter un refroidissement pour maintenir la température optimale.

Après l'oxydation, le produit doit être neutralisé avant la lixiviation au cyanure. La neutralisation en deux étapes est préférée pour éviter la formation excessive de jarosites et autres précipités indésirables, qui sont difficiles à décanter, difficiles à filtrer et peuvent enrober surfaces d'or exposées. Par exemple, une première étape utilisant du calcaire moulu (CaCO3) peut augmenter le pH de la pulpe entre 3,5 et 4,0, suivi d'une deuxième étape où de la chaux (Ca(OH)2) est ajoutée pour porter le pH à environ 10,5, ce qui convient pour la cyanuration.

L'oxydation biologique trouvera une application croissante en tant que technique rentable et respectueuse de l'environnement pour le traitement des minerais sulfurés aurifères dans les deux systèmes : CIL/CIP et *heap leaching*. Les processus d'oxydation biologique ont également un potentiel pour le traitement des minerais carbonés et cette technologie est en cours de développement. Les bactéries continuent d'être adaptées pour fonctionner à des températures de plus en plus élevées (thermophiles modérés et extrêmes) pour augmenter la cinétique de l'oxydation et réduire les exigences de contrôle de la température (particulièrement important lors du traitement des concentrés à haute teneur en soufre) et par conséquent pour réduire les coûts de refroidissement.

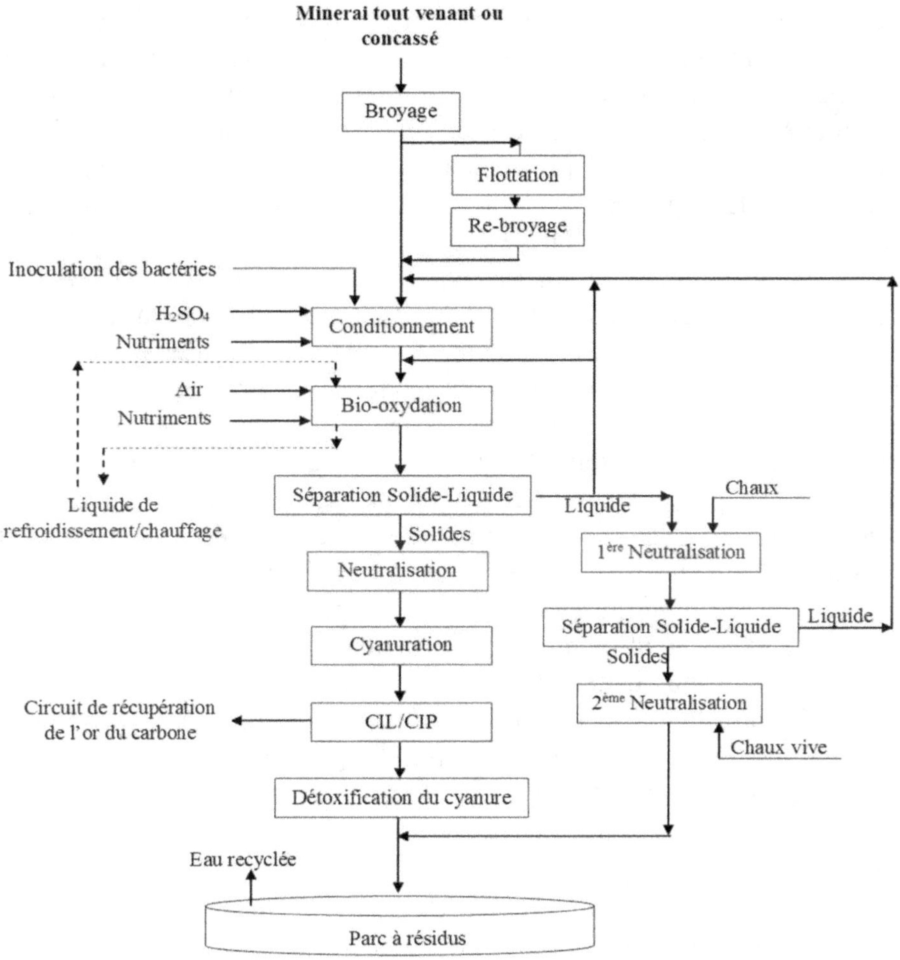

Figure 27. Principe de fonctionnement d'une usine intégrant le processus d'oxydation bactériologique de minerais sulfures (Marsden et House, 2006).

2.1.6 L'oxydation pyrométallurgique

L'oxydation pyrométallurgique ou grillage est un traitement à haute température, en présence d'un oxydant tel que l'air ou l'oxygène, appliqué aux minerais ou concentrés réfractaires. Il a pour objectif de libérer toute particule d'or encapsulée ou fixée dans les sulfures, les arsénopyrites, le carbone et de détruire les matières carbonées voleuses d'or et tout cyanicide potentiel afin de faciliter l'accès des particules d'or par la solution de lixiviation. En outre il permet d'éliminer le soufre, l'arsenic, l'antimoine et autres substances volatiles et d'oxyder les tellurures et les métaux de base contenus dans le minerai. Le produit final de préférence est une calcine d'oxyde de fer poreuse et duveteuse qui n'encapsule ni ne recouvre les particules d'or. Le grillage peut être appliqué à une grande variété de minerais sulfurés, carbonés, aux tellurures et concentrés.

Le grillage en une seule étape est appliqué aux matériaux à faible teneur en arsenic (< 3% As) et qui présentent une bonne réponse au processus d'oxydation directe. Le grillage en deux étape est préférée pour les matériaux à haute teneur en arsenic et pour certains sulfures de fer, même en l'absence d'arsenic. La méthode à une étape consiste à rôtir directement les matériaux dans une atmosphère oxydante. Le processus à deux étapes utilise une première étape qui fonctionne dans des conditions réductrices, créant un produit intermédiaire poreux, suivie d'une deuxième étape dans une atmosphère oxydante pour achever l'oxydation.

Le matériau alimentant le fourneau de grillage peut être sous la forme de pulpe ou sèche. Plus l'humidité du matériau d'alimentation est élevée, plus la teneur en soufre nécessaire pour soutenir un grillage autogène est élevée. Au cas où le bilan thermique est insuffisant pour assurer un fonctionnement autogène, du carburant supplémentaire doit être ajouté, soit avec la charge (pyrite stérile ou charbon) soit au brûleur du fourneau (gasoil ou gaz naturel). En règle générale, un matériau sec contenant au moins 8% de soufre ou une pulpe (75% à 80% de solides) contenant plus de 16% à 20% de soufre peut être traité de façon autogène en fonction de la minéralogie et des conditions appliquées (Major et Semple, 1990 ; Maycock et *al.*, 1990).

Le temps de rétention de chaque particule dans le fourneau détermine l'efficacité de l'oxydation de cette particule. Si le temps de rétention est trop court, une oxydation incomplète peut se produire. Les longs temps de rétention peuvent provoquer un sur-grillage ou frittage de matériaux, notamment des fines particules. Entre 80% et 100% des composants sulfurés et 60% à 70% des composants carbonés des matériaux traités par grillage sont généralement oxydés. La production d'une calcine contenant 75% à 85% d'hématite et 15% à 25% de magnétite s'est avérée être optimale. La couleur de la calcine fournit une indication utile du degré d'oxydation obtenue dans le fourneau : une couleur rouge vive indique un produit qui est essentiellement composé d'hématite (et très peu de magnétite), causée par un grillage excessif. Autrement, une coloration brune très foncé ou noire est caractéristique d'un produit riche en magnétite.

La plupart des circuits de grillage génèrent des pertes d'or entre l'alimentation du fourneau et la décharge. Cette perte varie considérablement pour différentes opérations, mais varie généralement de 2% à 5%. Les pertes sont attribuées à l'un ou à une combinaison de deux facteurs suivants :

- La volatilisation de l'or, favorisée par la présence de chlorures (et fluorures) dans le matériau d'alimentation et/ou dans l'eau de procédé. Les pertes par volatilisation du chlorure d'or peuvent être minimisées en utilisant de l'eau de procédé sans chlorure ;
- Le dépôt d'or dans le fourneau, qui peut être récupéré ultérieurement par nettoyage.

En préparation pour la lixiviation au cyanure, le produit de calcination provenant du fourneau doit être refroidi et mélangé avec de l'eau pour former une pulpe. Ceci est généralement effectué en une seule étape de trempage et lavage. L'étape de lavage à l'eau aide à éliminer les revêtements qui pourraient autrement gêner la dissolution de l'or. Pour de nombreux minerais sulfurés, un procédé combiné de lavage et de broyage est préféré.

Les produits de calcination présentent un large éventail de réponses aux processus de lixiviation et de récupération de l'or en fonction des conditions de grillage et de la minéralogie de la matière première. Les taux de récupération d'or obtenus à partir des matériaux calcinés sont généralement inférieurs à ceux des produits de procédés d'oxydation hydrométallurgique appropriés dus aux facteurs suivants :

- La présence de sulfures partiellement calcinés, qui contiennent de l'or et qui consomment du cyanure ;

- La présence de produits denses d'oxyde de fer à faible porosité qui contiennent de l'or inaccessible à la solution de lixiviation ;
- Le frittage (sur-grillage) de particules oxydées qui encapsule l'or ;
- La présence de revêtements de sulfate de fer autour des particules oxydées.

Comme mentionné plus haut, il n'existe pas de programme universellement applicable pour l'évaluation et la sélection d'un procédé de traitement d'un minerai réfractaire. Le procédé de traitement est spécifique à chaque projet. Les paragraphes qui suivent sont des exemples pratiques de traitements appliqués avec succès à des minerais réfractaires à l'échelle industrielle. En fonction des causes qui rendent le minerai réfractaire, les techniques suivantes ou une combinaison de plusieurs de ces techniques peuvent être nécessaire pour une extraction rentable du métal précieux :

- Broyage ultrafin du minerai ;
- Préconcentration du minerai par flottation, gravité, etc. ;
- Prétraitement oxydatif hydro ou pyrométallurgique du minerai ;
- Le choix de lixiviants autres que le cyanure ;
- La modification des conditions physico-chimiques lors de la lixiviation (pH, température, densité, taille des particules, temps de rétention, etc. ;
- Utilisation de procédés de Merill-Crowe à la place de l'*electrowinning* pour la récupération de l'or.

2.2 Traitement de minerais dont le caractère réfractaire est dû au verrouillage physique de l'or

2.2.1 Cas pratique de traitement d'un minerai d'or submicronique

Projet : Goldstrik de la société Barrick Gold au Nevada, Etats Unis (Pieterse et *al.*, 1993 ; Barrick, 2004 ;Thomas, 1994). Début du Projet : 1988.

2.2.1.1 Facteurs minéralogiques

L'or est principalement présent sous forme colloïdale dans les grains de pyrite et de marcasite sous forme d'inclusions de 50 à 1000 Å. L'or est réfractaire aux techniques conventionnelles de récupération, telles que la cyanuration et la concentration par gravité. Dans les minéraux sulfurés, la concentration en or varie entre 1 et 400 g/t et la concentration augmente avec la diminution de la taille des grains des minéraux sulfurés. La majeure partie des minéraux sulfurés à grains fins est finement disséminé au sein de la gangue. Les principaux minéraux de gangue sont le quartz, la kaolinite et principalement environ 10% de calcite. Le quartz microcristallin est un porteur mineur d'or d'invisible (1 à 7 g/t). Le minerai contient des minéraux argileux. Teneur moyenne du minerai : 8,5 g/t Au. Taux de récupération : 90%.

2.2.1.2 La comminution

Le minerai subi un concassage primaire puis est broyé en deux étapes (*SAG* et broyeurs à boulets) à 80% < 90 µm.

2.2.1.3 Procédé métallurgique

La pulpe est concentrée (rendue dense) puis prétraitée à l'acide sulfurique, ce qui permet aux minéraux carbonatés (environ 2% à 20% du minerai) de réagir et de dégager le CO_2 avant de subir une oxydation à haute pression. L'oxydation sous pression est réalisée à 215°C et 2900 kPa, avec un temps de rétention d'environ 52 min. De l'oxygène est ajouté dans les autoclaves à raison de 3,12 kg/kg de soufre. Le taux d'utilisation de l'oxygène est supérieur à 60%. La pulpe résultante est encore refroidie et neutralisé avec de la chaux puis le pH est ajusté à environ 11.

La suspension est soumise à une lixiviation CIL, avec un temps de rétention d'environ 10 heures et la consommation de NaCN est de 0,75 kg/t. Le charbon chargé est lavé à l'acide puis élué en utilisant le procédé de Zadra. L'or est récupéré par *electrowinning* puis filtré et calciné pour éliminer (et récupérer) le mercure. Le produit résultant est fondu avec du *flux* et coulé en lingots. La figure 28 est un diagramme illustratif du procédé.

2.3 Traitement de minerais dont le caractère réfractaire est dû au verrouillage chimique de l'or

Les tellures d'or constituent des exemples de minerais où les atomes d'or sont chimiquement piégés par des liaisons interatomiques avec d'autres atomes du minerai dans des mailles cristallographiques bien définies. La lixiviation des minerais de tellure d'or a toujours été problématique avec une incohérence des résultats entre les chercheurs et les opérateurs quant à la récupérabilité de l'or par lixiviation au cyanure sans une forme d'étape de prétraitement oxydatif. Certains chercheurs soutiennent qu'un bon taux d'extraction d'or pourrait être obtenu à condition que certaines conditions soient remplies. Sur le plan opérationnel, la lixiviation s'est avérée moins efficace qu'en laboratoire et n'a certainement pas été robuste comme la lixiviation des minerais d'or libre. La calavérite ($AuTe_2$) est le plus commun des minerais de tellure d'or. Elle a été découverte pour la première fois en 1861 et tire son nom de Calaveras, Comté de Californie où elle a été découverte.

On sait depuis longtemps que l'oxydation peut libérer l'or de la liaison tellurique, ce qui le rend disponible pour la lixiviation conventionnelle au cyanure. Le grillage est le processus oxydatif le plus simple, où les tellures sont décomposés, produisant des effluents gazeux d'oxyde de tellure tout en laissant des résidus d'or susceptibles d'être traités par la cyanuration conventionnelle. Lorsqu'elle est chauffée dans l'air à environ 500°C, la liaison Au-Te est facilement cassée, produisant du dioxyde de tellure (TeO_2) et de l'or métallique. Au-dessus de 800°C, TeO_2 sublime. Le minéral lui-même est remarquablement riche en or, l'or se trouvant dans une association moléculaire avec l'élément tellure.

Les tellures d'or sont sensibles à la bio-oxydation (Cashmore et Clark 1998). Dziurdzak et *al.* (1989) ont également étudié l'oxydation sous pression de concentrés de flottation de la mine d'or de Kalgoorlie (Australie). Les essais d'oxydation sous pression ont couvert un large éventail de conditions et ont clairement montré que la récupération par le cyanure est améliorée et que la cyanuration conventionnelle était possible sur du concentré ayant subi une oxydation sous pression. Par exemple, un échantillon de concentré a été traité à 190°C avec une pression d'oxygène de 1 060 kPa pendant 1,5 h, cela a permis une récupération d'or de 95% par la lixiviation au cyanure conventionnelle.

Des techniques de concentration sont généralement utilisées pour réduire la quantité de matériaux à traiter. Des exemples de techniques de concentration sont :

- La concentration par gravité (à cause de la densité relativement élevée des minéraux de tellure). La technique (Table de Wilfley) a été employée à la mine de Cripple Creek en Colorado aux Etats Unis en 1920, où la densité spécifique du minéral était de 9,2 ;
- La flottation utilisée à la mine de Kargoorlie en 1920. Plus tard, Yan et Hariyasa (1996) ont également examiné les performances de la flottation d'un minerai d'or à haute teneur en tellure provenant du gisement de Kargoorlie. Ils ont montré que les tellures flottent facilement à des valeurs de pH naturel (8,0) avec l'ajout d'un agent mousseur seulement ; cependant, la récupération pourrait être améliorée par l'ajout de xanthates ou de mercaptobenzothiazol. La meilleure sélectivité entre sulfures et tellurures a été obtenu à des valeurs de pH entre 8,0 et 11.0.

Les premières extractions d'or des tellures ont été réalisées par la fonte, processus pyrométallurgique par lequel le minerai ou le concentré est fondu directement pour récupérer l'or métallique (à la mine de Cripple Creek en 1891). Un taux de récupération d'or d'environ 95% a été obtenu à la mine de Kalgoorlie par le processus de préconcentration et fonte.

Cette technique, tout en étant adaptée aux particules grossières, était inefficace pour les particules fines, entraînant des pertes d'or importantes. Le problème a été encore aggravé par la fragilité du minéral qui, lorsque broyé tendait à donner des particules plus fines. Pour aider à surmonter ces pertes, des méthodes chimiques ont été rapidement conçues pour extraire l'or du minéral. La chloration s'est avérée être une méthode efficace et rapidement est devenue populaire comme méthode de traitement.

Le cyanure s'est révélé plus efficace plus tard pour la récupération d'or des tellures par rapport au chlore, mais son introduction a été restreinte dans de nombreux endroits en raison des paiements de taxes élevés qui étaient demandées. Cependant, en 1907, l'utilisation du grillage pour oxyder le minerai avant la cyanuration était fermement établie comme méthode principale du traitement du minerai de Cripple Creek.

Dès 1894, des recherches en Grande-Bretagne avaient montré que l'ajout de bromocyanure au processus de cyanuration normale a amélioré son efficacité avec certains minerais problématiques, y compris les tellurures. Le processus a été affiné par le Chef Chimiste de la mine Kargoorlie, Dr L. Diehl. Il a montré clairement qu'un broyage fin était indispensable pour que le bromocyanure soit efficace sur les minerais sulfo-tellures. Le réactif est un solide cristallin volatil, soluble dans l'eau et lorsqu'il est mélangé avec du cyanure en milieu alcalin forme un solvant très puissant et rapide pour dissoudre l'or. En milieu fortement alcalin, le composé se décompose rapidement en bromure et en cyanate et doit donc être utilisé dans des solutions contenant peu ou pas de cyanure libre.

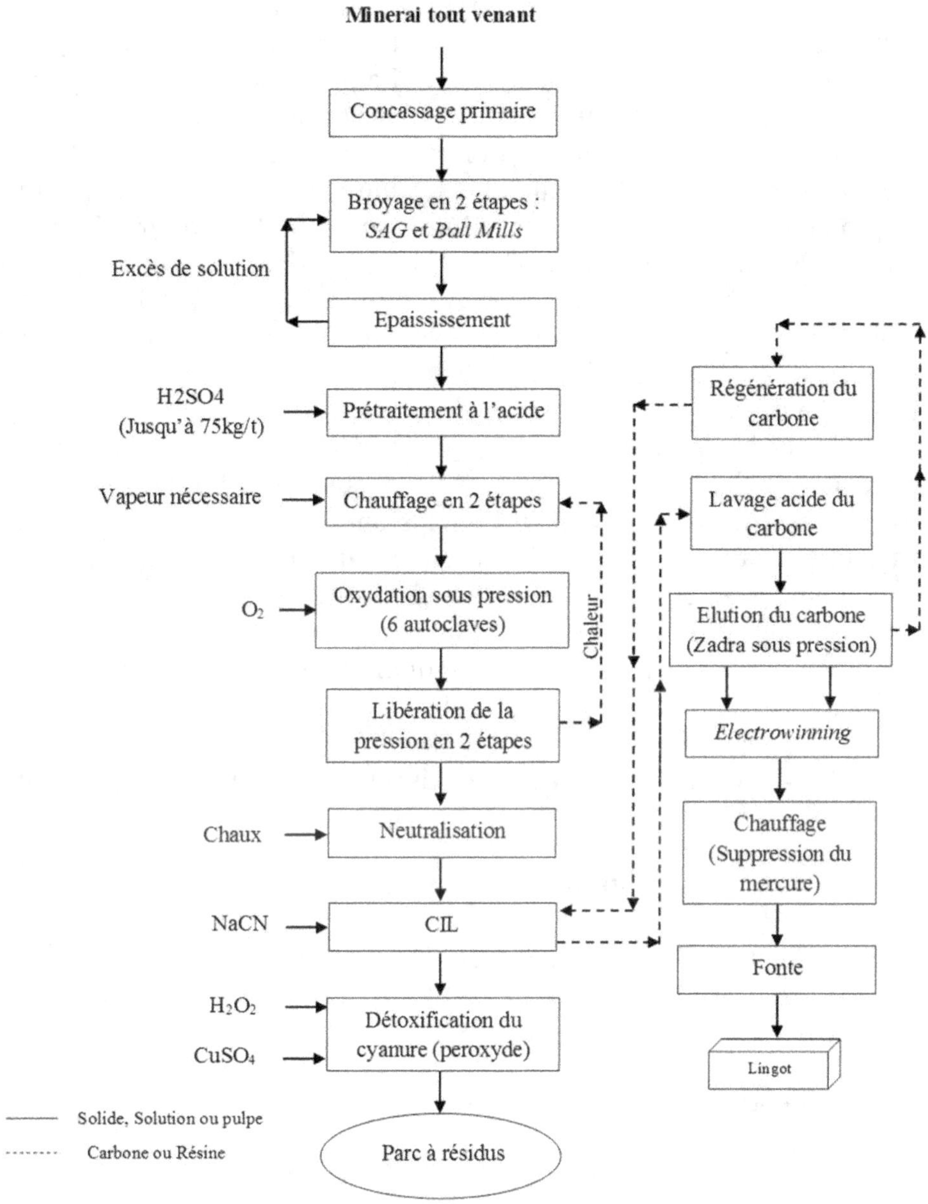

Figure 28. Diagramme du procédé de traitement d'or submicronique (Goldstrik, 1994).

Un autre exemple de traitement des minerais de tellure d'or est celui du gisement de Emperor Mine à Fiji en Océanie, où du tellure métallique a été produit en plus de l'or. Le processus (appelé *Emperor Process*) utilisait une solution d'hypochlorite (c.-à-d. du chlore) pour oxyder un concentré de tellure d'or produit par flottation. La flottation a été réalisée à l'aide de chaux et de cyanure pour réduire les sulfures et produire de l'or libre et du tellure concentré. La combinaison de réactifs de NaOH (5%), Na_2CO_3 et $Ca(OCl)_2$ (5%) a été utilisée pour oxyder (en 1 h) les tellures d'or, qui autrement se dissoudraient très lentement dans une solution de cyanure. La pulpe résultante est lixiviée avec du cyanure (1,0 à 1,5% NaCN) pendant 3 à 4 heures pour dissoudre l'or et l'argent restants.

À ce stade, tout or et argent dissous à l'étape de chloration ont été convertis en complexes de cyanure plus stables. La pulpe lixiviée est filtrée et la solution est passée dans un circuit de récupération de Merrill-Crowe. Les filtrats solides sont ensuite lixiviés avec du sulfure de sodium pour dissoudre le tellure. La solution riche en tellure est séparée par filtration et le tellure métallique est récupéré par précipitation avec du sulfite de sodium suivi d'une filtration, un séchage et une fusion du produit (Adams, 2005).

2.4 Traitement de minerais contenant une gangue très réactive

2.4.1 Cas pratique du gisement de El Indio

Projet : El Indio de la société Barrick Gold à La Serena, Chilie (Smith, 1986 ;Wyllie, 1988). Début du projet : circuit de flottation en 1981, CIL en 1983.

2.4.1.1. Facteurs minéralogiques

El Indio était une veine épithermale de dépôt de cuivre–or–argent, contenant de l'or natif et de l'électrum, dont certains sous forme de particules grossières. Le minéral majeur de cuivre était de l'énargite, avec de la tennantite mineure. Les principaux minéraux de gangue étaient le quartz et la pyrite, la pyrite contenant environ 10 g/t Au. Teneurs moyennes (8,4 g/t Au ; 62 g/t Ag (argent) ; 3,1% Cu (cuivre)). Taux de récupération (85% Au ; 75% Ag ; 94% Cu).

2.4.1.2. La comminution

Le minerai est concassé en trois étapes puis lavé avant le broyage pour éliminer les minéraux solubles générant des acides, qui ont un effet négatif sur la flottation en interférant avec la pyrite. Le minerai lavé est broyé et un concentré de cuivre-or-argent est produit par flottation après le broyage. À l'origine, environ 66% de l'or et l'argent contenus dans le minerai avait pu être récupéré de cette manière.

Avec cette méthode, la quantité de cuivre restée dans les résidus de flottation lorsqu'elle est introduite dans le circuit de lixiviation au cyanure exigeait des concentrations de cyanure inacceptablement élevées (5 à 6 kg/t) pour maintenir la charge de cuivre sur le carbone au minimum. Par conséquent, le circuit de comminution-concentration a été modifié par la suite pour permettre un broyage à nouveau des résidus de flottation d'origine suivi d'une autre étape de flottation. Cela a permis une meilleure concentration du cuivre-or-argent et de réduire ainsi la concentration de NaCN nécessaire (à environ 0,5 kg/t) dans les circuits CIP.

2.4.1.3. Procédé métallurgique

Les concentrés de flottation sont épaissis et la solution de débordement (*overflow*) est renvoyée dans les circuits de broyage et de flottation. Environ 60% de la pulpe épaissie (*underflow*) est grillée (en une seule étape) sur site, afin d'oxyder le soufre des sulfures et de réduire la teneur en arsenic ainsi que la quantité de matériaux solides. La calcine obtenue est combinée avec le reste des concentrés (c.-à-d. les 40%) et ce produit est exporté vers une fonderie de cuivre. Les teneurs en métaux des concentrés de flottation étaient typiquement de 40 g/t Au, 300 g/t Ag, 20% Cu, 7% As (arsenic) et 0,5% Sb (antimoine). Les teneurs en métaux de la calcine après grillage étaient de 80 g/t, 500 g/t, 30%, 0,3% et 0,3%, respectivement. La phase gazeuse issue du grillage est traitée pour récupérer une qualité commercialisable de trioxyde d'arsenic par refroidissement et précipitation.

Les résidus de flottation finaux étaient lixiviés au cyanure par CIP, avec un temps de rétention de 72 heures en raison de la lenteur de la dissolution de l'or, pour la récupération de l'or. Du nitrate de plomb et du phosphate étaient ajoutés à la pulpe de lixiviation pour faciliter la lixiviation.

Le carbone chargé, qui était en moyenne de 300 g/t Au et 12 000 g/t Cu, est élué en deux étapes pour la désorption séquentielle du cuivre suivi de l'or et de l'argent. La désorption sélective du cuivre était obtenue en utilisant une procédure d'élution au cyanure à basse température. L'éluat concentré en cuivre est envoyé dans les résidus. Le carbone est ensuite élué par la procédure de Zadra pour récupérer l'or et l'argent ou est retourné directement à la régénération puis au circuit d'adsorption (CIP), pour un chargement supplémentaire des métaux. Le carbone élué final (*barren carbon*) après que les deux procédures d'élution aient été effectuées contenait typiquement 20 g/t Au et 100 g/t Ag. L'éluat produit contenait en moyenne 60 g/ t Au et 500 g/t Cu. L'or et l'argent sont récupérés de cette solution par *electrowinning* et les cathodes et autres sous-produits sont séchées, fondues et refondues pour la production finale de lingots.

2.5 Traitement de minerais carbonés *preg-robbing*

Dans le cas de certains minerais, la récupération d'or par cyanuration est limitée par la présence de matière carbonée naturelle, qui adsorbe l'or à partir de la solution alcaline de cyanure, sauf si des mesures sont prises pour empêcher cette réaction d'adsorption de se produire. Ces minerais sont le plus souvent appelés minerais *preg-robbing*. Bien qu'on aurait pu les appeler minerais carbonés réfractaires, cela peut prêter à confusion avec les cas où l'or est encapsulé par les matières carbonées. Il convient également de mentionner qu'une grande variété d'autres minéraux, y compris les minéraux de sulfure de cuivre, l'argile et les silicates peuvent adsorber l'or selon leurs caractéristiques de leur surface. Dans cette section, le terme *preg-robbing* fait allusion aux espèces de carbone naturel ou matières carbonées dans le minerai d'or.

La minéralogie associée aux minerais d'or carbonés peut être assez variable (Afenya, 1991). Les composants du minerai qui volent l'or sont généralement des matériaux carbonés tels que les copeaux de bois, le carbone non carbonaté ou autres composants, en particulier le carbone élémentaire natif (Rees et van Deventer, 2000). Dans certains cas, la matière carbonée adsorbe le complexe de cyanure d'or solubilisé de la solution de lixiviation et transporte l'or avec les résidus ; conduisant à une mauvaise récupération de l'or. De plus, l'or peut être occlus par la matière carbonée, empêchant son accès par la solution (Tafuri, 1987 ; Sibrell, 1991).

La présence de matière carbonée dans un minerai n'entraîne pas nécessairement une mauvaise récupération de l'or (Sibrell, 1991; Stenebraten, 1998). Il semble que le carbone puisse exister sous différentes formes dans le minerai qui présentent des affinités différentes pour le complexe de cyanure d'or (Stenebraten, 1998).

Le caractère *preg-robbing* des minerais carbonés peut être surmonté en utilisant différentes techniques telles que l'utilisation d'autres espèces adsorbant l'or (charbon actif ou résines) pour concurrencer avec la matière carbonée, la désactivation/passivation des espèces carbonées par oxydation (grillage, oxydation chimique ou biochimique) (Sibrell, 1991; Afenya, 1991) ou l'utilisation d'agents aveuglants de surface. Les traitements oxydatifs sont les plus efficaces en ce moment. Bien sûr, ce sont la minéralogie du minerai et les caractéristiques spécifiques du matériau carboné qui déterminent le choix des méthodes de traitement les plus appropriées.

2.5.1 L'utilisation des circuits CIL ou RIL

Dans ces cas, un adsorbant plus puissant pour le cyanure d'or est utilisé pour concurrencer le matière carbonée dans le minerai. L'efficacité du charbon actif utilisé dépend de sa capacité d'adsorption d'or qui peut être de deux ordres de grandeur plus élevé que celle de la matière carbonée naturelle (Sibrell, 1991). Par exemple, dans un minerai légèrement carboné provenant du gisement de Carlin, environ 70% de l'or a été récupéré en utilisant un procédé CIL contre 15% de récupération lorsque la lixiviation se fait sans charbon actif (Afenya, 1991).

Une préoccupation importante dans le cas du CIL est la perte de carbone en raison de la longue durée du processus (18 h). Le carbone granulé normal (3,35 x 1,7 mm) utilisé dans les usines CIL est soumis à une contrainte constante de contact avec des particules de quartz du minerai. Cette contrainte provoque une attrition et produit des particules de carbone fines chargées d'or vers les résidus, exactement comme le fait la matière carbonée.

Une alternative en cours d'étude est l'utilisation de poudre de charbon actif magnétique (ou *magnetic activated carbon*, MAC) (Miller et *al.*, 2004 ; Duyvesteyn et *al.*, 2002) qui a un taux d'adsorption d'or plus élevé que le carbone actif granulé en raison de sa plus petite taille de particules (100 µm) (Munoz et *al.*, 2003). Le problème des pertes d'or par attrition est évité puisque le MAC est déjà en poudre, de sorte qu'il peut rester pendant une longue période dans la pulpe, pour être séparé à la fin du processus par magnétisme. Des taux de récupération magnétiques élevés, dépassant 99% du MAC chargé d'or ont été enregistrés (Munoz et *al.*, 2002).

Le procédé RIL utilise des résines échangeuses d'ions en contact direct avec la pulpe de cyanuration pour récupérer l'or au fur et à mesure que la lixiviation a lieu. Même si le procédé RIL a été utilisé dans l'ancienne Union soviétique depuis des décennies, il y a peu d'applications dans le reste du monde. Les résines ont un avantage sur le charbon actif, en particulier leur sélectivité élevée pour l'adsorption/élution des composés ainsi que leur capacité de charge et la vitesse de chargement plus rapide. Cependant, le coût plus élevé par rapport au charbon actif et la faible résilience à la rupture pendant le traitement sont les inconvénients les plus importants (Wan et Miller, 1990).

Un avantage important du processus RIL sur le CIL est la possibilité d'utiliser des agents aveuglants en combinaison avec la résine pour traiter un minerai hautement *preg-robbing* (voir l'exemple de la mine de Penjom décrit au paragraphe 2.5.6 ci-dessous). Les résines ne sont pas facilement encrassées par les composés organiques de sorte qu'elles maintiennent des performances d'extraction d'or élevées même en présence d'agents aveuglants organiques (Green et *al.*, 2002).

2.5.2 L'aveuglement de la matière carbonée

Certains réactifs chimiques passivent la matière carbonée par, semble-t-il, une adsorption sélective ou un mouillage de la surface du carbone (Afenya, 1991). La technique d'aveuglement n'a été jugée que partiellement efficace (Scheiner, 1987).

Adams et Burger (1998) travaillant sur un minerai de schiste carboné, ont testé 16 différents matériaux tensioactifs et huiles, ainsi que leurs combinaisons, en essayant de couvrir une large gamme de propriétés. Ils ont constaté que la plupart des réactifs nécessitaient des concentrations élevées (> 1%) pour affecter l'activité du carbone naturel, probablement en mouillant complètement la particule de carbone. Un polyoxyéthylène à longue chaîne (NP10)[1] était le seul

[1] NP-10 : *Polyoxyethylene(10)nonylphenyl ether*

réactif qui a produit un effet à de faibles concentrations (10 mg/*l*). Le sulfate lauryl de sodium et le sulfonate de pétrole avec NP10 et NP10/kérosène étaient les réactifs les plus prometteurs à des concentrations d'environ 500 mg/*l*. Aucun de ces réactifs aveuglants n'a produit une récupération d'or supérieure à 75% pour le minerai de schiste carboné.

En combinant le prétraitement par aveuglement avec un procédé CIL pour deux minerais fortement *preg-robbing* provenant de la mine Gold Quary, il a été constaté que les taux de récupération de l'or ont évolué de 13,5% à 70,5% et de 4,2% à 67% en utilisant de l'huile moteur comme produit tensioactif (Adams, 2005).

Des études antérieures concernant l'aveuglement de matériaux carbonés *preg-robbing* ont indiqué que les réactifs de flottation (xanthates, huile de pin) et des hydrocarbures non polarisés tels que le diesel, le pétrole léger, le fioul et le kérosène pourraient être utilisés. Également, les sels d'acide laurique, le savon et les sous-produits du savon, le RV-2 (acide *p*-nitro-benzol azo salicylique) auraient un effet aveuglant (Menne, 2003 ; Afenya, 1991).

2.5.3 La calcination ou grillage

Le grillage s'est avéré être la technique la plus appropriée pour détruire les matières carbonées ainsi que pour oxyder les sulfures normalement associés au minerai et est largement appliqué (Afenya, 1991 ; Fernandez et *al.*, 2000). Des températures de grillage inférieures à 600°C sont courantes, ce qui oxyde la matière carbonée et les minéraux sulfurés dans le minerai. Le choix de la température dépend de la minéralogie du minerai, de la méthode et des conditions de fonctionnement spécifiques, telles que la taille des particules et le débit de gaz.

Un problème associé à certains minerais carbonés est la présence du mercure et/ou d'arsenic, qui constitue une préoccupation pour l'environnement. Des techniques de récupération par aspiration puis dissolution ont été développées pour l'élimination du mercure et du dioxyde de soufre (Scheiner, 1987) ; le grillage en deux étapes permet de contrôler la libération d'arsenic gazeux.

2.5.4 La chloration

À la fin des années 60, le Bureau Américain des Mines a reconnu que la chloration aqueuse pourrait être utilisée pour détruire les matières carbonées (Afenya, 1991). Le chlore gazeux (Cl_2) et l'hypochlorite de sodium ou de calcium (NaOCl, $Ca(OCl)_2$) ont été utilisés comme sources de chlore. Eventuellement, l'hypochlorite et l'oxygène générés réagissent avec la matière carbonée, entraînant une passivation ou une désactivation du carbone (Ahmadiantehrani et *al.*, 1991; Scheiner, 1987; Afenya, 1991).

2.5.5 La lixiviation au thiosulfate

La lixiviation par le thiosulfate d'ammonium a été testée sur une variété de minerais complexes qui ne répondent pas efficacement à la lixiviation au cyanure, tant à l'échelle du laboratoire et dans une usine pilote de lixiviation en tas (Li et *al.*, 1995; Wan et LeVier, 2003). Plusieurs études ont été menées sur des minerais carbonés (Abruzzese et *al.*, 1995; Hemmati et *al.*, 1989 ; Wan et Brierly, 1997 ; Schmitz et *al.*, 2001 ; Wan et LeVier, 2003). Elles ont montré, en général, de bonnes performances avec des taux de récupération relativement élevés en fonction des caractéristiques du minerai.

L'une des caractéristiques les plus importantes du procédé au thiosulfate est qu'il produit un complexe or-thiosulfate qui a une très faible affinité pour le charbon actif, ce qui explique son efficacité dans le traitement des minerais carbonés (Gallagher et *al.*, 1989, 1990). Les raisons de la très faible affinité du complexe d'or avec le carbone dans le système de lixiviation au thiosulfate n'ont pas encore été entièrement élucidées, mais diverses possibilités existent : il s'agit notamment de la charge négative relativement élevée du complexe, la limitation stérique due à la structure moléculaire et au manque d'interactions spécifiques des ligands avec des sites de charbon actif (Wan et *al.*, 1993).

Wan et *al.* (1994) ont breveté un procédé de traitement des minerais de sulfures-carbonés par lixiviation au thiosulfate d'ammonium catalysée par le cuivre après un processus de bio-oxydation. Ils ont testé cette procédure dans une usine pilote de lixiviation en tas en utilisant du matériau bio-oxydé. Des taux de récupération d'or par lixiviation en tas atteignant 70% ont été obtenus alors que le processus de cyanuration conventionnelle a permis une récupération de 20%. L'or a été récupéré de la solution de thiosulfate par précipitation au zinc.

Une étude récente sur le minerai de Goldstrike (Schmitz et *al.*, 2001) rapporte des taux de récupération d'or de 90% à 100% en utilisant la lixiviation au thiosulfate d'ammonium catalysé par le cuivre sur des minerais carbonés autoclavés (pré-oxydés), car environ 60% de l'or était encapsulé dans des sulfures. Ils ont démontré que le thiosulfate dissous tous l'or qui avait été volé par le matériau carboné pendant cyanuration.

2.5.6 Exemple d'application dans une usine

Projet : Penjom à Pahang, Malaysie, de la société Avocet Mining PLC (Lewis, 2000 ; Lewis, 1999). Début du projet : 1999.

2.5.6.1 Facteurs minéralogiques

L'or se présente principalement sous forme d'or libre fin et d'or associé à des minéraux sulfurés. Le minerai contient du carbone organique finement reparti qui est fortement *preg-robbing* (selon Mintek, c'est l'un des minerais le plus *preg-robbing* dans l'industrie de l'or), empêchant le traitement par lixiviation au cyanure standard. La teneur en carbone organique varie entre 0,2% et 1,5%, avec une moyenne de 0,6%. La teneur en or varie de 6 à plus de 10 g/t. Taux de récupération : 75%.

2.5.6.1 La comminution

Le minerai est concassé puis broyé en une seule étape par un broyeur à boulets fonctionnant en circuit ouvert. La décharge du broyeur est passée à travers un hydrocyclone pour séparer les fractions grossières et fines de la pulpe. Les solides du COF ont une granulométrie d'environ 80% < 75 µm.

2.5.6.2 Procédé métallurgique

Le COF contient la majorité de la matière carbonée fine et est traitée par le kérosène (dans le but d'aveugler la matière carbonée) avant le traitement par RIL. Initialement, l'opération a utilisé la technologie CIL ; cependant l'application du CIL a échoué probablement en raison d'un empoisonnement (c.-à-d. aveuglement) du charbon actif par le kérosène. Celui-ci a été remplacé par un circuit RIL utilisant une résine à base forte, également avec un succès limité. En 1999, le circuit RIL est passé à un circuit RIL utilisant une résine à base forte sélective pour l'or : Minix-Dowex (Mintek, Afrique du Sud).

Le taux de récupération d'or du circuit RIL est d'environ 60% de l'or contenu dans le COF. La résine ne serait pas affectée par l'aveuglement du kérosène ou du diesel. La résine chargée est éluée à environ 50 g/t. L'or est récupéré de l'éluat par *electrowinning*.

Le CUF est divisé ; la plus grande portion est concentrée (à l'aide d'un système Gekko *InLine Pressure Jigs*) puis soumise à une lixiviation intensive au cyanure dans un réacteur *InLine Leach Reactor* Gekko (Voir le paragraphe 1.5.4.2 du chapitre 7). Le concentré produit est principalement un composé de minéraux sulfurés (20% à 30% S) avec un peu d'or libre fin (300 à 1 500 g/t). La cyanuration intensive est effectuée à l'aide d'une solution de NaCN (> 2%) à la température ambiante avec un temps de rétention de 3h, pour atteindre un taux de récupération d'or généralement entre 80% et 90%.

La plus petite portion du CUF est traitée dans un concentrateur centrifuge Knelson. Les résidus du Knelson sont récupérés par un concentrateur centrifuge Falcon. Les concentrés contenant l'or libre des concentrateurs Knelson et Falcon sont combinés, nettoyés sur des tables Gemini, puis directement fondu pour produire des lingots d'or.

La solution de l'étape de lixiviation intensive est traitée par CIC, le carbone est ensuite élué et l'or récupéré de l'éluat par *electrowinning*. Les cathodes chargées d'or produites par l'élution du carbone et de la résine sont fondus pour produire des lingots sur le site.

La récupération globale d'or de ce circuit est d'environ 75% (estimations des années 2000), environ 5% à 15% de cette production provient de la concentration par gravité, 35% à 45% de la lixiviation intensive des concentrés de sulfure et environ 20% du circuit RIL.

2.6 Traitement de minerais dont le caractère réfractaire est dû à la passivation de l'or pendant la lixiviation

Dans les conditions appliquées à la lixiviation de l'or, les sulfures d'arsenic et d'antimoine se décomposent respectivement en arsénite (AsO_2^-) et l'arsénate (AsO_3^-) et en stibnite (SbO_2^-) et stibnate (SbO_3^-). La proportion de chacun dépendant de la composition de la solution et du pH (Marsden et House, 2006). La dissolution de ces minéraux a un effet néfaste sur l'extraction de l'or et dans certains cas, cet effet est grave. Cet effet serait dû à la formation d'une couche passivante d'arsenic ou d'oxyde d'antimoine sur la surface de l'or. La décomposition de ces minéraux dépend fortement du pH, leur solubilité augmentant avec une augmentation du pH. Par conséquent, l'effet néfaste de ces minéraux est fortement lié au pH et le contrôle du pH est essentiel lors de la lixiviation de tels minerais.

Sous les conditions de pH normalement appliquées pour la lixiviation de l'or, l'effet néfaste de certains des minéraux d'arsenic et d'antimoine les plus courants lors de l'extraction d'or sont de l'ordre :

Stibnite (Sb_2S_3) >>> Orpiment (As_2S_3) > Arsénopyrite > Réalgar (As_2S_2)

L'effet néfaste de la stibnite (et probablement aussi d'autres sulfures d'antimoines et d'arsenic) peuvent être largement atténués en effectuant une lixiviation à faible pH (pH 10) et par addition d'un sel d'un sel de plomb approprié (par exemple le nitrate de plomb) en quantité suffisante (250 à 500 g/t) (Guo et *al.*, 2005).

Un procédé pour la dissolution et l'élimination de l'antimoine du minerai avant la lixiviation au cyanure a été proposé pour réduire l'impact négatif de la stibine sur la cyanuration. Le processus consiste en la lixiviation du minerai avec une solution contenant du sulfure de sodium et de l'hydroxyde de sodium, suivi d'une électrodéposition directe de l'antimoine. Les résidus sont ensuite lixiviés au cyanure pour l'extraction de l'or, en tenant compte les effets décrits (Ubaldini, et *al.*, 2000). Cette approche ne serait viable que pour les matériaux très concentrés en antimoine.

D'autres recherches ont prouvé que le comportement chimique de la stibnite dans les solutions oxygénées alcalines de cyanure sont très similaires à celui de l'orpiment (As_2S_3) et a pour effet la consommation de cyanure, d'oxygène et de chaux (Adams, 2005). Toute modification dans la consommation de cyanure suite à une augmentation de la stibine dans le minerai est liée à la formation de thiocyanate (due à la présence des sulfures) car l'antimoine ne forme pas un complexe avec le cyanure.

2.6.1 Exemple d'application dans une usine

Projet : Consolidated Murchison à Gravelotte, en Afrique du Sud, de la société Metorex (Davis et Paterson, 1986). Début du projet : 1983.

2.6.1.1 Facteurs minéralogiques

Les minéraux réfractaires sont principalement des sulfures d'antimoine et d'arsenic tels que la berthiérite ($FeSb_2S_4$), la gudmundite (FeSbS), l'arsénopyrite (FeAsS) et la gersdorffite ((Fe, Ni, Co)AsS), avec de petites quantités d'autres sulfures de métaux de base. L'or se présente sous forme d'or visible grossier d'aurostibnite ($AuSb_2$) et d'or fin disséminé dans les sulfures. En moyenne, le minerai contient 3% à 4% Sb et 0,1% à 0,3% As. Taux de recouvrement : 77%.

2.6.1.2 La comminution

Le minerai-tout-venant est concassé en trois étapes et broyé en deux étapes pour générer un produit à 90% < 75 µm. Environ 35% de l'or est récupéré par concentration gravitaire lors du broyage. La pulpe moulue est traitée par flottation pour récupérer les sulfures d'antimoine. Le concentré produit contient 30% à 40% d'or et est en moyenne composé de : 30 g/t Au, 58% Sb, 1,9% Fe et 0,1% à 0,2% chacun des métaux Pb, Ni, Cu et As.

2.6.1.3 Procédé métallurgique

Les concentrés sont épaissis puis conditionnés avec du nitrate de plomb (1,4 kg/t) et l'air comme étape de préaération. La pulpe épaissie est lixiviée avec 2% de NaCN à 52% de solides et à pH 7. La lixiviation est effectuée dans un réacteur à une pression de 9 MPa, avec de l'oxygène pur injecté dans le réacteur à 12 MPa. Les températures ambiantes de 22°C à 38°C sont appliquées. La chaux est utilisée pour le contrôle du pH. Le réacteur fournit un temps de rétention de 15 min ; cependant, la pulpe passe généralement deux fois à travers le réacteur. Les consommations de cyanure et d'oxygène sont respectivement de 57 kg/t et 20 kg/t.

La pulpe lixiviée est épaissi et le produit de la phase inferieure est filtré, séché et vendu comme produit hautement concentré en antimoine. La pulpe de la phase supérieure est filtrée et les solides fins récupérés et éliminés comme résidus. La solution obtenue est combinée avec celle obtenue dans la première étape et l'or dissous est récupéré par CIC. Le carbone chargé est expédié à la raffinerie Rand Refinery pour la récupération de l'or car la quantité relativement faible de carbone produit ne justifie pas le traitement du carbone sur site.

CHAPITRE 13

LA RECONCILIATION METALLURGIQUE

Un certain nombre de paramètres sont mesurés à la géologie comme à l'usine au cours de l'exploitation minière et du traitement du minerai afin de suivre le mouvement du métal de la mine à l'usine. Au niveau de la géologie, ces mesures permettent de suivre le niveau d'exploitation de la ressource et d'estimer les réserves encore disponibles selon le modèle établi. Indépendamment, mais pas exclusivement, l'usine de traitement entreprend diverses mesures physiques et la collection de données à divers points du circuit afin de contrôler les performances de celle-ci. Ces données permettent également d'estimer la quantité d'or produite au cours d'une période donnée et la quantité d'or toujours dans le circuit à chaque instant.

La réconciliation métallurgique peut être définie comme étant le suivi du métal précieux à partir du moment où le minerai est broyé au concasseur primaire pour alimenter l'usine jusqu'à l'obtention les produits finaux destinés à la vente et des résidus. Le processus permet de communiquer des informations concernant les performances de l'usine de traitement et les stocks de minéraux en cours de traitement. Ces informations sont nécessaires pour des décisions métallurgiques efficaces afin d'optimiser la production.

Les exigences requises pour une réconciliation efficace sont entre autres :

- Un système d'échantillonnage représentatif et couvrant tout le circuit de traitement ;
- Une analyse (laboratoire) précise des paramètres utilisés dans les estimations ;
- Des appareils de mesurage fiables et précis (étalonnés) permettant de mesurer directement les paramètres tels que le débit (massique ou volumique), la densité de la pulpe et la masse de minerai acheminé.

Ce chapitre offre un aperçu sur la démarche générale utilisée pour la réconciliation métallurgique dans une usine de traitement d'or utilisant le circuit CIL. Les terminologies les plus fréquentes en réconciliation métallurgique y sont définies et la méthode peut être adaptée à des usines n'ayant pas typiquement les mêmes systèmes de fonctionnement que les circuits CIL.

1. CONCEPTS ET DEFINITIONS

Taux d'humidité : La réconciliation métallurgique nécessite une connaissance précise des masses à sec des solides. Des échantillons de minerais sont collectés de façon aléatoire à différents endroits du convoyeur alimentant le moulin, et celles-ci sont mélangées ensemble pour former un échantillon final. L'échantillon obtenu est immédiatement pesé humide et ensuite séché à 105°C ou moins pour éliminer toute l'humidité, puis repesé. La différence de masse représente l'humidité comme indiqué ci-dessous :

$$Humidité\ (\%) = \frac{Masse\ échantillon\ humide - Masse\ échantillon\ sec}{Masse\ échantillon\ humide} \times 100$$

Teneur en or : La qualité du minerai est indiquée par sa teneur en or. C'est le ratio de la masse d'or contenu dans le minerai et celle du minerai. Elle peut s'exprimer en % ou en g/t (g/t est identique à ppm (partie par million) et est égale à 10^4 fois la teneur en %). Elle se calcul selon la formule suivante :

$$Teneur\ (\%) = \frac{Masse\ d'or\ dans\ minerai}{Masse\ du\ minerai} \times 100$$

Densité de la pulpe : Il s'agit de la masse de la pulpe par unité de volume. La densité de la pulpe peut être exprimée en % massique des solides. Connaissant la densité de la pulpe et la densité des solides secs, le % massique des solides peut être calculé, en prenant la densité de l'eau égale à $1 g/cm^3$ par le formule (*i*) suivante :

$$D\ (\%\ solides) = \frac{100 \times S \times (d - 1000)}{d \times (S - 1000)} \qquad (i)\ ;$$

où :
D est la densité de la pulpe en % massique des solides,
d la densité de la pulpe (kg/m^3), et
S la densité des solides secs (kg/m^3).

Débit volumique d'écoulement de la pulpe : C'est le volume de pulpe recueillie par unité de temps, exprimé en m^3/h. Il est important pour calcul du temps de résidence de la pulpe dans les réservoirs de lixiviation :

$$Temps\ de\ résidence = \frac{Volume\ du\ réservoir}{Débit\ d'ecoulement}$$

Connaissant le débit volumétrique (F, m^3/h), la densité de la pulpe (d, kg/m^3) et la densité des solides (S, kg/m^3), la masse de la pulpe qui s'écoule peut être calculée ($M = F*d$, kg/h) et, plus important le débit massique des solides secs dans la suspension (M_s, kg/h) selon la formule (*ii*) :

$$Ms = \frac{F \times d \times D}{100} \qquad (ii)\ ;$$

où :
D est la densité de la pulpe en % massique des solides et,
d la densité de la pulpe en kg/m^3.

En combinant les formules *i* et *ii*, *Ms* est calculée selon formule ci-dessous :

$$Ms\ (kg/h) = \frac{F \times S \times (D - 1000)}{(S - 1000)}$$

Ratio de dilution : L'eau joue un rôle très important dans les opérations de traitement des minerais. Elle est utilisée comme moyen de transport et comme matrice dans laquelle la plupart des réactions prennent lieu. Les différentes étapes du processus nécessitent des teneurs en eau qui diffèrent ; par exemple :

- Le *Ball Mill* fonctionne entre 65% et 70% en masse de solides. La pulpe déchargée du *Ball Mill* peut nécessiter une dilution avant d'être introduite dans les hydrocyclones ;
- Les opérations de flottation fonctionnent entre 25% et 40% en masse de solides ;
- Les dispositifs de concentration par gravité entre 55% et 70% en masse de solides.

Il est nécessaire de conserver et de recycler l'eau afin de réduire les coûts de liés à l'eau douce. Pour des performances optimales, il y a des concentrations spécifiques en eau qui produisent une suspension de composition optimale dans toutes les parties du circuit.

Le ratio de dilution est le rapport de la masse de l'eau à la masse des solides. Considérons un hydrocyclone alimenté en pulpe (*Feed*) contenant *f* % de solides en masse et produisant deux produits ; un CUF contenant *u* % de solides et un COF contenant *v* % de solides. Si la masse de solides par unité de temps dans le Feed, le CUF et le COF sont respectivement F_s, U_s et V_s, celle de l'eau respectivement F_e, U_e et V_e ; à condition que le cyclone fonctionne dans des conditions d'équilibre, alors la conservation de masse se traduit par :

$F_s = U_s + V_s$ et $F_e = U_e + V_e$

Le ratio de dilution du *Feed*, *f'* est : $f' = \frac{100-f}{f} = \frac{Fe}{Fs}$

Le ratio de dilution du CUF, *u'* est : $u' = \frac{100-u}{u} = \frac{Ue}{Us}$

Le ratio de dilution du COF, v ' est : $v' = \frac{100-v}{v} = \frac{Ve}{Vs}$

Le masse d'eau entrant dans le cyclone doit être égale à la somme des masses sortant dans les deux produits et le bilan de l'eau est :

$$f' F_s = u' U_s + v' V_s$$

2. CALCUL DU TONNAGE DE MINERAI TRAITE

Le flux de matériau à l'intérieur de l'usine peut être schématisé comme l'indique la figure 29. Le tonnage de matériau peut être mesuré en de nombreux points le long du circuit. La capacité à mesurer la quantité matériau à différents points le long du processus permet de vérifier les mesures les unes contre les autres. La masse de matériau peut être mesurée aux points suivants dans l'usine :

- Au niveau de l'entrepôt (*stockpile*), une balance mesure le tonnage de minerais concassés (concassage primaire) et acheminé à l'usine ;
- Le circuit de broyage (*SAG Mill* par ex.) dispose de deux balances, une qui mesure et enregistre la masse de minerai qui alimente le broyeur (y compris les cailloux de recyclage initialement rejetés par le broyeur, *pebbles*) et une autre qui mesure uniquement la masse des *pebbles* déchargés du broyeur. L'alimentation en minerai frais du broyeur sur une période spécifique est la différence de masse enregistrée par la première balance et celle de la seconde sur la même période ;
- L'alimentation du circuit CIL/CIP est mesurée à l'aide d'un débitmètre (débit de la pulpe, m^3/h) et d'un densitomètre (densité de la pulpe, t/m^3) installés sur la ligne d'alimentation ;
- La ligne des résidus (*Tails*) est aussi équipée d'un débitmètre et d'un densitomètre.

Le tonnage de minerai traité est calculé à l'aide des données d'un débitmètre (débit de la pulpe, m^3/h) et d'un densitomètre (densité de la pulpe D, t/m^3) installés sur la ligne d'alimentation du CIL/CIP. Le débitmètre mesure le débit de la pulpe alimentant le circuit

CIL/CIP et enregistre le volume cumulé de la pulpe. Le densitomètre mesure la densité de la pulpe.

La lecture du volume cumulé sur le débitmètre est relevée au début et à la fin de chaque quart de travail (6 h et 18 h par exemple pour un quart de 12 h). La différence des volumes cumulés sur la période est le volume de pulpe traité à travers le circuit CIL/CIP au cours du quart de travail.

$$V_{pulpe} = V_{18\text{h}} - V_{6\text{h}}$$

La densité de la pulpe qui s'écoule est relevée dans un registre de suivi par les opérateurs à des intervalles de temps prédéfinis (chaque 1 heure par ex.). La moyenne des densités, *D*, est utilisée pour calculer le tonnage de minerai solide traité pendant le quart de travail.

$$D = \frac{\sum_{i=6h}^{18h} Di}{n}$$

où *n* est le nombre de lectures relevées (*n* =12, pour des relevés horaires).

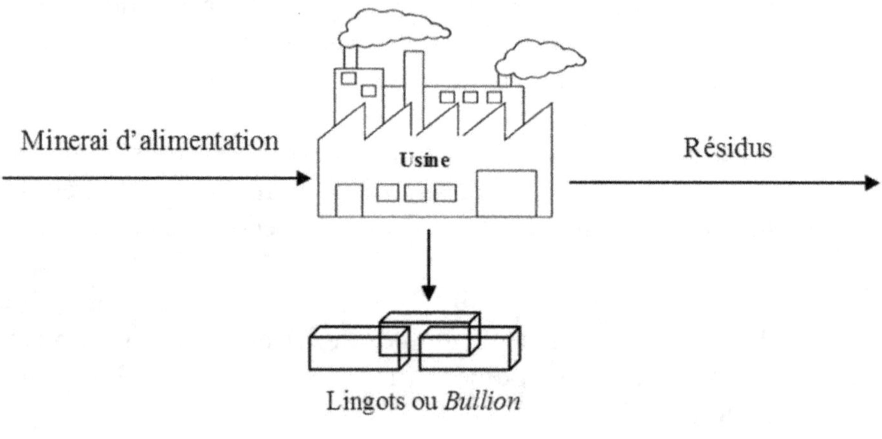

Figure 29. Illustration du flux des matériaux solide dans l'usine.

Le tonnage M_{solide} de matériau solide alimentant le circuit CIL/CIP est calculé comme suite :

$$M_{solide}\,(\mathrm{t}) = V_{pulpe}\,(\mathrm{m}^3) \times D_{pulpe}\,(\mathrm{t/m}^3) \times Concentration_{solide}\,(\%)$$

Le tonnage $M_{solution}$ de solution alimentant le circuit CIL/CIP est calculé comme suite :

$$M_{solution}\,(\mathrm{t}) = V_{pulpe}\,(\mathrm{m}^3) \times D_{pulpe}\,(\mathrm{t/m}^3) \times (1 - Concentration_{solides}\,(\%))$$

La conservation de masse comme décrit plus haut peut être appliquée à tout point du circuit pour estimer la quantité de matériau transitant par ce point.

3. CALCUL DE LA TENEUR DU MINERAI D'ALIMENTATION

3.1 Echantillonnage du minerai d'alimentation

La teneur du minerai d'alimentation du broyeur peut être déterminée à partir d'échantillons prélevés à deux points du circuit :

- Au niveau des convoyeurs alimentant directement le broyeur de minerai frais : Des prélèvements d'échantillons de minerai à des intervalles de temps fixes (chaque 1h, 2h, etc.). Ces échantillons peuvent être analysés séparément à la fin du quart de travail et la moyenne des teneurs est considérée comme celle du minerai d'alimentation ;
- Il également possible de préparer un échantillon composite à partir des échantillons collectés. Des techniques de division (*Cone & Quatering, Jones Riffles, Automatic Divider*) sont utilisées pour obtenir une proportion raisonnable (3-4 kg) pour l'analyse au laboratoire à la fin du quart de travail ;
- La principale limite de cette méthode est la taille des particules de minerais prélevés pour l'analyse. En effet avant le passage dans le broyeur, les particules peuvent avoir des tailles allant jusqu'à 6-10 cm après le concassage selon le circuit de comminution utilisé (Chapitre 5). Il se pose donc un problème d'homogénéité ou de

représentativité de l'échantillon à analyser, pouvant affecter l'estimation de la teneur moyenne. Pour pallier à ce problème l'échantillonnage est fait après le broyage du minerai afin d'obtenir un matériau plus fin, donc plus homogène pour l'analyse ;

- Au niveau de la ligne d'alimentation du CIL/CIP : Une quantité déterminée de pulpe (1 à 2 *l*) est prélevée sur la ligne d'alimentation du CIL/CIP à des intervalles de temps fixes (chaque 1 h, 2 h, etc.) pour la durée du quart de travail. L'échantillonnage à ce niveau peut être manuel (par ouverture d'une vanne) ou automatique. Les échantillons prélevés sont additionnés, homogénéisés puis filtrés à l'aide d'un système de filtrage sous pression. La solution obtenue ainsi que le filtrat solide sont prélevés séparément et soumis au laboratoire pour analyse.

3.2 Calcul de la teneur du minerai d'alimentation

La teneur en or est calculée pour chaque quart de travail (12 h par exemple). Pour la première méthode d'échantillonnage, la teneur d'alimentation ou *Feed Grade*, F_g (g/t) du minerai d'alimentation est calculé en faisant la moyenne des teneurs des échantillons prélevés au cours du quart de travail sur le convoyeur. Pour le cas d'un seul échantillon composite, le teneur F_g (g/t) est la teneur de l'échantillon composite.

Pour la seconde méthode, il faut tenir compte de la dissolution primaire de l'or qui commence déjà avec l'addition de l'eau de procédé, contenant du cyanure résiduel, dans le broyeur. La teneur d'alimentation par quart de travail est calculée en combinant la teneur d'or dans les solides et dans la solution alimentant le circuit CIL/CIP pendant le quart de travail. L'or total alimentant le circuit est la somme de l'or dans les solides et dans la solution.

L'or contenu dans les solides par quart de travail est calculé en multipliant le tonnage (t) de solides par le teneur d'or dans les solides (g/t) :

$$Or_{solides}\,(g) = M_{solides} \times Teneur_{solides}$$

L'or contenu dans la solution par quart de travail est calculé en multipliant le tonnage (t) de la solution par le teneur d'or en solution (g/t):

$$Or_{solution}\ (g) = M_{solution} \times Teneur_{solution}$$

En additionnant les quantités d'or dans les solides et en solution et en divisant par le tonnage total de minerai traité au cours du quart de travail, on obtient la teneur d'alimentation de la période, F_g :

$$Teneur\ d'alimentation, Fg\ (g/t) = \frac{Or\ solides\ (g) + Or\ solution\ (g)}{Msolides\ (t)}$$

La teneur journalière est calculée en faisant la moyenne pondérée des teneurs d'alimentation de tous les quarts de travail de la journée. Par analogie, on peut calculer la teneur d'alimentation mensuelle.

4. CALCUL DE LA TENEUR DES RESIDUS (*TAILS*)

Une quantité déterminée de pulpe (1-2 *l*) est prélevée sur la ligne de rejet des résidus du CIL/CIP à des intervalles de temps fixes (chaque, 1 h, 2 h, etc.) pour la durée du quart de travail. L'échantillonnage à ce niveau peut être manuel (par ouverture d'une vanne) ou automatique. Les échantillons prélevés sont additionnés, homogénéisés puis filtrés à l'aide d'un système de filtrage sous pression. La solution obtenue ainsi que le filtrat solide sont prélevés séparément et soumis au laboratoire pour analyse.En appliquant le même raisonnement que dans le cas du calcul de la teneur d'alimentation décrite dans le paragraphe ci-dessus, on obtient la teneur des résidus T_g, selon la formule ci-dessous :

$$Teneur\ des\ residus, Tg\ (g/t) = \frac{Or\ residus\ solides\ (g) + Or\ residus\ solution\ (g)}{M\ residus\ solides\ (t)}$$

5. CALCUL DE LA QUANTITE D'OR RECUPEREE OU PRODUITE

La quantité d'or récupérée est la portion de l'or contenue dans le minerai d'alimentation que l'usine a pu récupérer ou produire. Elle est calculée par quart de travail. C'est la différence entre la quantité d'or contenue dans le minerai d'alimentation et celle contenue dans les résidus de l'usine obtenues dans les paragraphes 3 et 4.

$$Or\ récupéré\ (\mathrm{g}) = Or\ alimentation\ (g) - Or\ résidus\ (g)$$

$$= (Or\ Solides + Or\ Solution) alimentation - (Or\ Solides + Or\ Solution) résidus$$

Le taux de récupération de l'usine est rapport entre l'or total récupéré par l'usine et l'or total contenu dans le minerai d'alimentation :

$$Taux\ de\ récupération\ (\%) = \frac{Or\ récupéré\ (g)}{Or\ alimentation\ (g)} \times 100$$

Il peut aussi s'exprimer en termes de teneurs d'alimentation et de résidus :

$$Taux\ de\ récupération\ (\%) = (1 - \frac{Teneur\ des\ residus\ (g/t)}{Teneur\ d'alimentation\ (g/t)}) \times 100$$

6. RECONCILIATION DE L'OR PRODUIT ET RESTANT DANS LE CIRCUIT

De façon périodique (hebdomadaire ou mensuelle) l'usine effectue une réconciliation ou un inventaire de la production d'or. Ce processus consiste à faire l'inventaire de la quantité d'or alimentée à l'usine, la quantité d'or effectivement coulée et celle encore dans le circuit de traitement. Il permet d'évaluer l'efficacité du processus de traitement à travers le taux de récupération.

La réconciliation se fait se fait en effectuant des prélèvements d'échantillons dans le circuit afin de déterminer la quantité d'or dans le circuit ou *Gold-in-Circuit* (GIC). Le GIC prend en compte les quantités d'or dans le carbone, les solides, la solution ainsi que dans les différents circuits d'élution, d'*electrowinning*, etc. Le processus consiste à prélever des échantillons des solides, des solutions et du carbone présents dans chaque réservoir CIL/CIP ainsi que le carbone présent dans les colonnes de lavage acide, d'élution et dans la trémie de régénération. Les résultats d'analyse au laboratoire de ces échantillons sont utilisés pour calculer la quantité totale d'or dans le circuit au moment du prélèvement.

La réconciliation de l'or se subdivise comme suit :

- La quantité d'or dans les réservoirs de CIL/CIP ;
- La quantité d'or dans le circuit d'élution ;
- La quantité d'or dans le circuit d'*electrowinning* ; et
- La quantité d'or coulée (lingots).

6.1 Calcul de la quantité d'or dans les réservoirs CIL

Chaque réservoir CIL contient de la pulpe (solides + solution) ainsi que du carbone. L'exemple ci-dessous est un cas pratique qui peut être utilisé pour calculer la quantité d'or totale dans un réservoir de CIL.

6.1.1 La quantité d'or contenue dans la pulpe (solides + solution)

i. La concentration en solides (% solides) de chacun des réservoirs CIL est mesurée en prenant une masse connue de pulpe. La pulpe est tamisée à travers un tamis de 1 mm pour éliminer le carbone. La pulpe sans le carbone est ensuite filtrée pour séparer la solution des solides. Les solides sont séchés puis pesés. La concentration en solides est la masse des solides secs sur la masse totale de la pulpe.

$$Concentration\ solides\ Tank\ (\%) = \frac{Masse\ solides\ secs}{Masse\ pulpe\ prélevée} \times 100$$

ii. Pour déterminer la concentration d'or dans les solides et dans la solution, un échantillon de pulpe est prélevé dans chaque réservoir, tamisé à travers un tamis de 1mm. La pulpe sans carbone est filtrée sous pression pour séparer les solides de la solution. La solution est mise en bouteille séparément pour soumission au laboratoire pour déterminer la teneur en or de celle-ci (g/t ou ppm). Le filtrat solide est lavé avec de l'eau propre (pour éliminer l'or résiduel de la solution) puis refiltré et soumis au laboratoire pour déterminer la concentration d'or dans les solides (g/t ou ppm).

iii. Les volumes de remplissage des réservoirs diffèrent à chaque instant. Le volume de chaque réservoir est déterminé en mesurant la hauteur du bord non-rempli ou libre de chaque réservoir. Connaissant le volume total du réservoir (plein), son diamètre et sa hauteur totale, on peut calculer le volume occupé (par la pulpe et le carbone) dans le réservoir.

iv. Connaissant le volume occupé (*iii*) et la concentration de solides (*i*), la masse de solides dans chaque réservoir est calculée en utilisant la masse volumique des solides (t/m^3). La masse volumique des solides est déterminée expérimentalement au laboratoire sur le solide en question.

v. La quantité d'or dans les solides est déterminée à partir de la masse des solides (*iv*) dans le réservoir et la concentration d'or dans les solides obtenue par les analyses au laboratoire (*ii*).

vi. La masse de solution dans chaque réservoir est calculée à partir du volume occupé par la pulpe (*iii*), la concentration de solides (*i*) et la masse volumiques des solides ; en supposant la masse volumique de la solution est 1 t/m^3.

vii. La quantité d'or en solution est calculée en utilisant la masse de la solution (*vi*) dans le réservoir et la concentration d'or de la solution (*ii*).

6.1.2 La quantité d'or contenue dans le carbone

La quantité d'or dans carbone dans chaque réservoir est déterminée comme suit :

i. Un volume connu de pulpe est prélevé dans chaque réservoir (3 à 5*l* par ex.). La pulpe est tamisée à travers un tamis de 1mm pour récupérer le carbone. Le carbone est ensuite lavé avec de l'eau propre et séché puis pesé. La masse de carbone sec est utilisée pour calculer la concentration de carbone dans le réservoir (t/m^3).

$$Concentration\ de\ carbone\ (t/m^3) = \frac{Masse\ carbone\ (g)}{Volume\ de\ pulpe\ prélevé\ (l)} \times \frac{1}{1000}$$

$$Masse\ de\ carbone\ (t) = Vol.\ occupé\ du\ réservoir\ (m^3) \times Conc. \left(\frac{t}{m^3}\right)$$

ii. Une partie du carbone séché est soumise au laboratoire pour déterminer la teneur en or du carbone (g/t).

$$Or\ dans\ carbone\ par\ réservoir\ (g) = Teneur\ Or\ carbone\ (g/t) \times Masse\ carbone\ (t)$$

La quantité totale d'or contenue dans chaque réservoir est égale à la somme des quantités d'or dans les solides, solution et carbone dans le réservoir :

$$Or\ par\ réservoir\ (g) = Or\ (solides) + Or\ (solution) + Or\ (carbone)$$

La quantité totale d'or contenue dans tous les réservoirs est égale est :

$$Or\ total\ des\ réservoirs\ (g) = \sum_{i=1}^{n} Or\ dans\ réservoir\ i\ (g)$$

où *n* étant le nombre de réservoirs du circuit CIL.

6.2 Calcul de la quantité d'or restante dans le circuit d'élution

Dans le circuit d'élution, l'or est essentiellement stocké dans le carbone présent dans les colonnes d'élution, les colonnes de lavage acide et dans la trémie de régénération du carbone. Un échantillon de carbone de chacune des colonnes est prélevé afin de déterminer la teneur en or (g/t) du carbone. La quantité d'or dans une colonne est calculée selon les formules ci-dessous :

$$Or\ col. d'élution\ (g) = Teneur\ Or\ Loaded\ Carbon\ (g/t) \times Masse\ carbone\ sec\ (t)$$

$$Or\ colonne\ acide\ (g) = Teneur\ Or\ Loaded\ Carbon\ (g/t) \times Masse\ carbone\ sec\ (t)$$

$$Or\ Tremie\ Regen(g) = Teneur\ Or\ Barren\ Carbon(g/t) \times Masse\ carbone\ sec(t)$$

6.3 Calcul de la quantité d'or restante dans le circuit d'*electrowinning*

Dans les conditions normales, il ne doit pas y avoir de l'or restant dans le circuit d'*electrowinning* au moment de la réconciliation car les cathodes sont récupérés et fondus avant l'inventaire périodique (hebdomadaire ou mensuel). Cependant s'il arrive qu'il y'ait de l'or dans le circuit d'*electrowinning*, sa quantité est estimée en fonction du nombre d'élutions effectuées depuis le dernier nettoyage des cellules. Ce d'or provenant uniquement de l'élution, alors la formule suivante permet de calculer sa quantité :

$$Or\ electrow. (g) = \sum_{i=1}^{n} [M\ carbone\ sec\ (t) \times (Teneur\ LC\ (g/t) - Teneur\ BC\ (g/t))]i$$

où :
n : Le nombre d'élution effectué
M : Masse de carbone sec soumis à l'élution
LC : *Loaded Carbon* ou carbone chargé alimentant l'élution
BC : *Barren Carbon* ou carbone élué sortant du circuit d'élution

6.4 Calcul de la quantité d'or produite ou coulée

La quantité d'or produite au cours d'une période donnée est la quantité d'or qui a été coulée sous forme de lingots entre le premier jour et le dernier jour de la période considérée. Les lingots d'or produits sont pesés à ±0,001 g. Chaque lingot d'or individuel est échantillonné par prélèvement en plusieurs points sur la barre d'or ou directement au cours de la fonte dans le creuset. Les échantillons sont soumis au laboratoire pour déterminer la pureté du lingot. L'analyse consiste à déterminer les pourcentages en or, en argent et en métaux de base (ex. de résultats d'analyse dans le tableau 9). L'or produit au cours de la période est calculé en appliquant le pourcentage de pureté du lingot (% Or) à la masse du lingot :

$$Or\ produit\ (g) = \sum_{i=1}^{n} \left(\frac{Masse\ lingot\ (g) \times Au\ (\%)}{100}\right)i$$

où n est le nombre total de lingots. Cette quantité peut s'exprimer en onces troy.

Tableau 9 : Exemple de résultats d'analyse de pureté d'un lingot d'or

Date	Lingot N°	Au (%)	Moyenne Au (%)	Base[1] (%)	Ag (%)
04/02/2020	CIL001	90,793			
04/02/2020	CIL001	90,660	90,715	2,382	6,903
04/02/2020	CIL001	90,693			

7. RECONCILIATION DE LA TENEUR DU MINERAI D'ALIMENTATION

La réconciliation de la teneur du minerai d'alimentation est le processus de rapprochement entre la teneur d'alimentation estimée au paragraphe 3 ci-dessus et celle réelle qui est à nouveau calculée sur la base des données de la production réelle (quantité d'or coulée, paragraphe 6.4) et la variation de la quantité d'or se trouvant dans le circuit à la fin de la période comparativement à celle de la période précédente (paragraphes 6.1 à 6.3).

Cette réconciliation se fonde sur les hypothèses suivantes :

- Les mesures des différents paramètres de l'usine sont précises sur toute la période ;
- La teneur mesurée des résidus est exacte sur la période considérée ;
- L'inventaire de la quantité d'or restant dans le circuit est précise, donc la variation des stocks d'or entre les deux périodes est considérée comme exacte ;
- La quantité d'or produite (coulée) sur la période peut être mesurée avec précision.

Sur la base de ces hypothèses, la quantité d'or récupérée sur la période est définie comme :

$$Or\ récuperé\ (g) = Or\ coulé\ (g) + Variation\ Or\ dans\ le\ circuit\ des\ 2\ périodes\ (g)$$

[1] **Base** désigne l'ensemble des métaux de base contenu dans le lingot.

La variation de l'inventaire d'or dans le circuit entre la période actuelle et celle précédente est :

$$\Delta\, Inv.Or \;=\; Inventaire\ période\ actuelle\ (g) - Inventaire\ période\ precedente\ (g)$$

Cette dernière valeur « Or récupéré » ou « Or réconcilié » est utilisée pour calculer la quantité d'or réelle ayant alimentée l'usine au cours de la période :

$$Or\ minerai\ d'alimentation\ (g) = Or\ récuperé\ (g) + Or\ perdu\ dans\ les\ résidus\ (g)$$

Connaissant la quantité réelle d'or du minerai d'alimentation, la teneur réelle du minerai d'alimentation est :

$$Teneur\ réelle\ minerai\ d'alimentation\ (g/t) = \frac{Or\ minerai\ d'alimentation\ (g)}{Masse\ totale\ de\ minerai\ traité\ (t)}$$

La réconciliation de la teneur d'alimentation est la différence en pourcentage entre la teneur réelle du minerai d'alimentation et celle estimée au paragraphe 3 :

$$Réconciliation\ T.d'alimentation\ (\%) = (1 - \frac{Teneur\ d'alimentation\ estimée}{Teneur\ réelle\ d'alimentation}) \times 100$$

Supposons une teneur d'alimentation estimée (dans les prévisions) par l'usine de 2,18 g/t comme moyenne du mois. Après la coulée mensuelle et l'inventaire d'or restant dans le circuit, il a été établi que la teneur réelle est de 2,13 g/t, la marge d'erreur R est calculée comme suit :

$$R\,(\%) = (1 - \frac{2.18}{2.13}) \times 100 = -2{,}347\%$$

On dira que l'usine a récupéré moins d'or que la quantité prévue de 2,347% ou qu'elle a surestimé la teneur du minerai d'alimentation ; c'est-à-dire qu'il y'a eu moins d'or produit par rapport aux attentes. On parle de sous-estimation dans le cas échéant.

Un système rigoureux de réconciliation est requis pour éviter des écarts élevés entre les productions réelles et celles prévues. L'industrie minière utilise le standard *AMIRA P754 : Code of Practice for Metal Accounting* comme guide de bonne pratique en matière de réconciliation métallurgique. Dans les usines de production d'or, un écart de $\pm 5\%$ entre la prévision et la production réelle est généralement acceptable.

L'objectif essentiel de tout le système de réconciliation métallurgique est la génération de rapports montrant les résultats des différents paramètres de la réconciliation des métaux et la performance des opérations dans lesquelles la réconciliation a eu lieu. Ces rapports fournissent des informations à toute l'équipe opérationnelle de l'usine, des opérateurs aux superviseurs contrôlant au quotidien l'usine, jusqu'à la direction qui planifie l'exploitation du métal précieux.

Les rapports fournissent également des informations au service de marketing de l'entreprise, facilitant la programmation des expéditions de produits et la négociation de contrats de vente à long et à court terme ; ils sont utilisés par le service de comptabilité financière de l'entreprise dans l'établissement des rapports financiers de la période considérée.

Le tableau 8 est un exemple de fiche type utilisée pour la réconciliation de l'or.

Tableau 8[1]. Exemple de données figurant dans un rapport de réconciliation mensuelle.

INVENTAIRE D'OR DANS LE CIRCUIT (GIC)	Unité	Jan 2020	Fév 2020	Mar 2020
Or dans les reservoirs CIL	g	0	61,567	131,308
Or dans le circuit Gravity	g	0	3,280	4,945
Or dans la colonne de Lavage acide	g	0	9,440	7,146
Or dans le circuit d'Elution	g	0	7,144	109
Or dans le circuit de Regeneration Carbone	g	0	224	1,091
Quantité totale Or dans le Circuit (GIC)	g	0	81,655	144,599
VARIATION DE LA QUANTITE D'OR DANS LE CIRCUIT				
Variation Or dans les reservoirs CIL	g	0	61,567	69,741
Variation Or dans le circuit Gravity	g	0	3,280	1,665
Variation Or dans la colonne de Lavage acide	g	0	9,440	-2,294
Variation Or dans le circuit d'Elution	g	0	7,144	-7,035
Variation Or dans le circuit de Régénération Carbone	g	0	224	867
Variation Quantité totale Or dans le Circuit (GIC)	g	0	81,655	62,944
QUANTITE D'OR PRODUITE				
Production d'Or par le circuit CIL	g	0	73,768	150,680
Production d'Or par le circuit Gravity	g	0	3,938	1,520
Production totale d'Or (CIL+Gravity)	g	0	77,706	152,200
Production totale d'Or (CIL+Gravity) cumulée	g	0	77,706	229,906
Résidus d'or (Bullion)	g	0	11	2,710
Pureté du lingot (analysée labo)	%	0%	90.5%	93.1%
Quantité d'Or dans les résidus de lingot	g	0	10	2523
Variation quantité d'Or dans les résidus de lingot	g	0	10	2513
TAUX DE RECUPERATION & PRODUCTION MENSUELLE				
Tonnage de minerai broyé	t	0	110,057	129,539
Teneur en Or des Tailings (Résidus)	g/t	0	0.103	0.11
Quantité d'Or dans les Tailings	g	0	11,336	14,249
Quantité (réelle) d'Or dans le minerai d'alimentation	g	0	170,707	231,906
Teneur (réelle) d'Or dans le minerai d'alimentation	g/t	0.000	1.551	1.790
Teneur d'Or reportée (labo) dans le minerais d'alimentation	g/t	0.000	1.570	1.760
Quantité d'or récuperée (estimation théorique)	g	0	161,476	213,739
Production mensuelle (reconcilée ou réelle) en grammes	g	0	159,371	216,164
Production mensuelle (reconcilée ou réelle) en onces troy	**oz t**	**0**	**5,124**	**6,950**
Taux de récuperation de l'usine	%	**0**	**93.36%**	**93.21%**
Variation Quantité d'Or Réelle vs Théorique	**g**	**0**	**-2,105**	**2,425**
Erreur (*R*) sur la réconciliation (théorique et réelle)	%	**#DIV/0!**	**-1.23%**	**1.69%**

[1] Dans ce tableau le symbole « , » est un séparateur de milliers tandis que le symbole « . » est un séparateur décimal (lu comme « , » en français). Ces écritures sont en anglais.

CHAPITRE 14

APERÇU SUR LES DECHETS MINIERS ET LEUR TRAITEMENT

L'un des défis majeurs auxquels les sociétés minières sont confrontées est la gestion des déchets produits par l'activité minière. Il faut dire que malgré les nombreuses retombées positives découlant de cette industrie, plusieurs problèmes environnementaux potentiels existent en raison de la grande quantité de rejets qui sont générés par cette activité. Et si les modes de gestion se sont beaucoup améliorés au cours des dernières décennies, l'industrie doit encore composer avec un lourd héritage (Image 11 ci-dessous).

Image 10. Photos de sites affectés par le Drainage Minier Acide (DMA).

Dans l'historique environnemental d'un site minier on peut distinguer deux principales phases interreliées, la phase opérationnelle et la phase post-fermeture. La responsabilité environnementale d'une exploitation minière ne s'arrête pas à la fin de la période d'exploitation. Elle demeure bien présente après la fermeture du site. À la fin de la vie de la mine, il faut remettre le site en bon état en procédant au démantèlement des infrastructures et à la restauration des aires d'entreposage des rejets.

Parallèlement à la résurgence de l'industrie de l'or entre 1972 et 1990 et les progrès technologiques qui y ont été associés, il y a eu une période de sensibilisation et un mouvement majeur vers le contrôle des facteurs affectant l'environnement, en particulier aux États-Unis, au Canada, en Europe, en Australie et au Japon, mais aussi dans le monde entier. Cela s'est poursuivi au 21è siècle après le Protocole de Kyoto (1997) avec des initiatives majeures axées sur les impacts environnementaux de l'exploitation minière. Au nombre de ces initiatives on peut citer la *Global Mining Initiative* (1999-2002) et l'*International Council on Mining and Metals* (créé en 2002). Un effort majeur présentant un intérêt spécifique pour l'industrie de l'extraction de l'or a été la publication de *l'International Cyanide Management Code* (2002), auquel la plupart des grands producteurs d'or et d'argent qui utilisent le cyanure se sont engagés à respecter. Ce code a été développé par l'*International Cyanide Management Institute*, une organisation à but non lucratif créée sous l'égide du Programme des Nations Unies pour l'Environnement et l'*International Council on Metals and the Environment*.

Aussi bien à l'échelle nationale qu'internationale les industries minières subissent une pression de la part des organismes de protection de l'environnement à travers un arsenal de mesures plus ou moins contraignantes. Elles sont donc obligées de maitriser les impacts de leurs activités sur l'environnement pour assurer leur survie. Ce chapitre donne un aperçu sur les différents types de déchets majeurs (en termes de quantités et de toxicité pour l'environnement) produits par l'exploitation minière (*Mining*) et les procédés métallurgiques (*Processing*), spécifiquement dans les sites miniers utilisant le cyanure comme principal produit de lixiviation de l'or. Il décrit également des méthodes de traitement de ces déchets à l'état actuel de la technologie ; l'accent est mis sur les méthodes de traitement des effluents de cyanure qui constituent jusque-là la préoccupation commune à ces industries.

1. LES TYPES DE DECHETS MINIERS DANS LA PHASE OPÉRATIONNELLE

L'exploitation minière produit des déchets solides, liquides, gazeux ou un mélange de ces derniers comme indiqué schématiquement dans la figure 30, avec des exemples spécifiques de déchets générés par l'extraction de l'or. Certains de ces produits tels que la poussière des équipements de concassage ou les déchets solides (mort-terrain résultant du décapage de la surface, les stériles sans valeur commerciale) des opérations minières sont éliminés avec peu ou pas de traitement chimique. Cependant, d'autres déchets solides peuvent contenir composants nécessitant un traitement chimique selon la minéralogie du matériau traités, les méthodes d'extraction utilisées et la méthode d'élimination des effluents.

1.1 Les effluents gazeux

Les polluants gazeux les plus importants (autres que les particules) sont liés aux procédés de traitement pyrométallurgique tels que le grillage, la calcination, l'autoclavage, la fonte et la réactivation du carbone. Ces polluants comprennent le dioxyde de soufre, les oxydes d'azote, l'arsenic et l'antimoine, les hydrocarbures, le plomb, le mercure et d'autres métaux lourds. Ceux-ci peuvent affecter la qualité de l'air à l'intérieur et autour du site du projet et peuvent avoir un effet secondaire sur la qualité de l'eau. La technologie standard de purification des gaz peut généralement être appliquée avec succès pour le traitement des effluents gazeux (filtrage, récupération par un système d'extracteur puis dissolution et neutralisation, etc.). Ces technologies ne seront pas évoquées ici de manière détaillée.

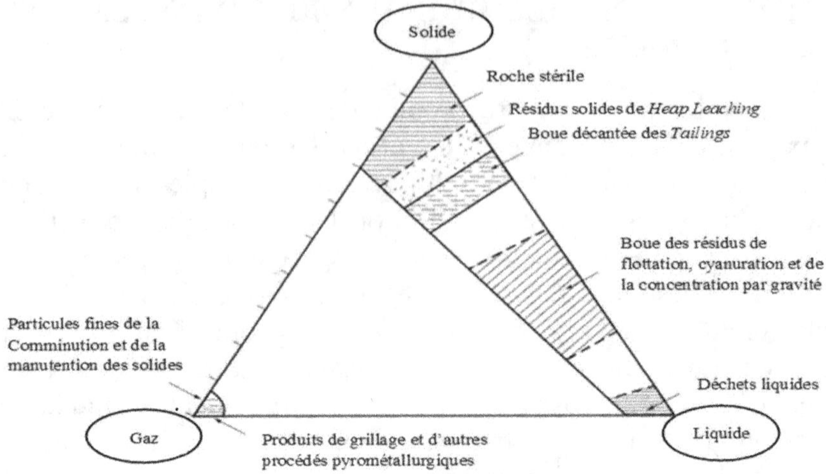

Figure 30. Représentation schématique des déchets des processus d'extraction de l'or (Marsden et House, 2006).

1.2 Les effluents solides

Cette catégorie considère les produits solides secs ou à faible teneur en humidité (< 25%) des opérations d'extraction tels que les déchets de la fosse, les déchets du processus de concentration et les résidus de cyanuration. La principale considération chimique de ces déchets est la possibilité de contamination des eaux de surface et souterraines. En effet, le contact des eaux de ruissellement (pluviales) avec ces déchets solides peut produire par exemple :

- Un DMA, résultant de la décomposition des minéraux sulfurés ;
- Une libération de cyanure résiduel et d'espèces métalliques solubles dans le cas de la lixiviation en tas ou des procédés similaires ;
- Une dissolution minérale, entraînant la libération d'espèces métalliques (cations et éventuellement anions complexes) et d'autres anions (tels que les sulfates, les nitrates et les chlorures), en particulier à partir de déchets de procédés utilisant un prétraitement oxydatif.

Ces processus peuvent se produire rapidement, en quelques jours voire quelques heures dans certains cas (par ex. la libération de cyanure résiduel dans les procédés de lixiviation en tas) ou peut nécessiter de très longues périodes (des années) pour se produire à des dimensions pouvant être significatives. Les solutions produites par une telle action peuvent présenter ou non une menace en fonction de la méthode de rétention, de la nature et de la concentration des espèces présentes.

1.3 Les effluents liquides

Les effluents liquides sont des solutions ou des boues produites par les différents procédés hydrométallurgiques (cyanuration par ex.) ainsi que les produits des interactions entre les liquides et les gaz associés à la technologie d'extraction de l'or. La préoccupation la plus immédiate est généralement la menace pour l'environnement que représentent les constituants toxiques tels que les diverses espèces de cyanure, les ions métalliques toxiques et les pH extrêmes.

Les méthodes d'élimination des effluents liquides peuvent être divisées en deux catégories principales : les effluents confinés ou retenus (sur le site) et ceux devant être déchargés en totalité ou en partie dans l'environnement. La gestion de ces deux types d'effluents est examinée plus en détail dans les sections suivantes.

1.3.1 Les effluents liquides retenus sur site

Ce sont des solutions stockées sur place avec peu ou pas de rejet dans l'environnement. La solution est généralement retenue dans un bassin équipé d'une membrane imperméable ou semi-perméable qui constitue une barrière entre les déchets et le sol, pour minimiser ou prévenir la contamination des eaux de surface et/ou souterraines. Par exemple le parc à résidus (*Tailings dam*, voir l'image 11).

Image 11. Photo illustrative d'un parc à résidus minier [https://upload.wikimedia.org/wikipedia/commons/b/b4/Parc_%C3%A0_r%C3%A9sidus_de_la_Fonderie_Horne.jpg, 02/07/2020].

Le besoin de désintoxication dépend de la menace pesant sur la faune, de la possibilité de rejet dans l'environnement, du risque de contamination des eaux de surface ou souterraines, ou une combinaison de ces facteurs. La plus grande menace est représentée par les espèces toxiques de cyanure, c'est-à-dire le cyanure libre (*free cyanide*) et le cyanure dissociable en milieu faiblement acide (*Weak Acid Dissociable* ou *WAD*). Cependant, les pH extrêmes et les concentrations élevées de métaux toxiques sont également potentiellement nocifs. La menace pour la faune peut généralement être réduite par les moyens suivants :

- En minimisant la surface exposée de la solution, ce qui réduit l'attractivité du plan d'eau aux oiseaux et autres animaux sauvages. Cela s'applique aux bassins de rétention des solutions, aux parcs aux résidus et les aires de lixiviation en tas ;
- En empêchant l'accès de la faune à des solutions toxiques, par exemple en enfermant les effluents à l'aide de grilles métalliques ou autre matériau approprié (par exemple, polyéthylène) ;

- En minimisant les concentrations d'espèces toxiques en solution par une bonne optimisation des réactifs utilisés dans le procédé (cyanure, chaux, etc.).

Lorsque l'application de ces techniques n'est pas pratique, une détoxification peut être nécessaire pour réduire les concentrations des espèces toxiques à des seuils recommandés. Par exemple, moins de 50 mg/*l* pour le cyanure *WAD* et un pH de la solution entre 6 et 9,5 pour réduire les risques pour la faune (Marsden et House, 2006).

1.3.2 Les effluents liquides à décharger dans l'environnement

Les effluents liquides déchargés dans l'environnement peuvent contaminer les eaux de surface ou souterraines et par conséquent peuvent nécessiter un traitement préalable pour répondre aux normes environnementales. Des seuils de contrôle des effluents ont été établis par des organismes de réputation (Organisation Mondiale de Santé par ex.) pour de nombreuses espèces en solution en fonction de leur toxicité mesurée, perçue ou projetée. Ces organisations donnent une indication des limites acceptables pour certaines espèces pour l'eau potable.

Cependant, les directives et normes relatives à l'eau potable ne sont pas nécessairement conformes aux exigences de décharge du site. Les limites réelles appliquées dans le monde s'écartent de ces données en raison des différences d'interprétation des données scientifiques. Par conséquent, les exigences de qualité des rejets doivent être soigneusement examinées en fonction du projet et de son emplacement

1.3.3 Destruction du cyanure dans les effluents liquides

Le traitement du cyanure contenu dans les effluents liquides est généralement classé en deux catégories selon le procédé : la destruction ou détoxification et la récupération ou recyclage. Dans le cas de la destruction du cyanure, des produits chimiques ou agents biologiques sont utilisés pour réduire les concentrations de constituants toxiques dans la solution ou dans la pulpe, soit par dilution ou par conversion en un composé chimique moins toxique (généralement le cyanate et ses dérivés). L'objectif est de produire un effluent répondant aux limites ou directives qui ont été définies pour se conformer aux exigences environnementales et/ou métallurgiques du projet. Le processus de récupération du cyanure est processus de recyclage dans lequel le cyanure est éliminé de la solution ou de la pulpe, puis réutilisé dans un circuit métallurgique. Cette dernière approche n'est pas abordée dans ce chapitre.

Les constituants susceptibles de générer des impacts importants pour l'environnement sont les espèces de cyanure et les ions de métaux lourds. Le contrôle des autres composants de la solution (concentrations de sulfate, de chlorure et de nitrate, pH, conductivité, turbidité, etc.) peut également être important dans des circonstances particulières ; cependant, des méthodes spécifiques pour leur contrôle ne sont pas considérés ici.

Le terme cyanure fait généralement référence à l'une des trois formes cyanure suivantes :

- Le cyanure libre qui est constitué des espèces CN^- et HCN en solution ;
- Le cyanure *WAD* qui est constitué des complexes non stables de cyanure formés avec des métaux tels que Ag, Cd (cadmium), Cu, Hg (mercure), Ni et Zn ; et
- Le cyanure total ou *total cyanide* qui englobe les deux premières formes en plus des complexes stables cyanure formés avec des métaux tels que Fe, Co (cobalt) et Au.

De nombreuses recherches ont indiqué que les formes de cyanure les plus toxiques sont les espèces de cyanure libre et *WAD*. Pour une solution donnée, la concentration de cyanure total est toujours supérieure ou égale à la concentration de cyanure *WAD* et de même, la concentration de cyanure *WAD* est toujours supérieure ou égale à la concentration de cyanure libre. Il est important de préciser qu'en termes d'analyses la concentration de cyanure *WAD* d'une solution est interprétée comme étant la somme des deux premières formes de cyanure.

1.3.3.1 La détoxification par dilution

Lorsque cela est applicable, la dilution est la forme de détoxification la plus simple, la plus rapide et la moins chère pour respecter les seuils de concentrations spécifiées, bien que lorsqu'elle est appliquée à un effluent liquide, la quantité totale de composants toxiques rejetés n'est pas réduite. Pour effectuer la dilution, de l'eau douce ou une solution contenant de très faibles quantités des espèces toxiques d'intérêt est mélangée à l'effluent de traitement en quantité suffisante pour réduire les concentrations des constituants toxiques en dessous des seuils souhaités ou réglementés.

1.3.3.2 La détoxification par dégradation naturelle

Les processus de dégradation naturelle réduisent la toxicité des espèces de cyanure au fil du temps. De nombreux mécanismes naturels en sont responsables notamment la volatilisation, l'oxydation au contact de l'air, l'adsorption sur d'autres minéraux, l'hydrolyse, la biodégradation et les précipitations. Bien que ces processus soient efficaces, ils ne sont pas toujours suffisamment rapides pour être appliqués à des fins industrielles et d'autres méthodes de détoxification doivent souvent être appliquées.

Néanmoins, une dégradation naturelle importante du cyanure peut se produire dans certains processus, notamment dans les bassins de rétention, les plates-formes de lixiviation en tas et les parcs à résidus. Il faut tirer pleinement parti de la dégradation naturelle dans la conception des systèmes de détoxification.

1.3.3.3 La détoxification par complexation

Le cyanure libre peut être converti en complexe de cyanure de fer (II) moins toxique par addition d'un excès d'un sel de fer (II) soluble approprié tel que le sulfate de fer (II) ($FeSO_4 \cdot 7H_2O$), à des pH de 7,5 à 10,5 (Griffiths et Vickell, 1989 ; Shoemaker et DeVries, 1986) :

$$6CN^- + FeSO_4 \leftrightarrow Fe(CN)_6^{4-} + SO_4^{2-} \qquad (25)$$

Les complexes *WAD* sont également partiellement décomposés en présence d'un excès de fer, le degré de décomposition dépendant de la constante de stabilité relative des espèces concernées.

Le processus est plutôt inefficace par rapport aux autres méthodes de détoxification du cyanure parce que la réaction est lente. Par conséquent, il est difficile de réduire la concentration de cyanure libre en dessous d'environ 2,5 mg/*l*. Malgré cela, la méthode a été appliquée industriellement comme une méthode brute mais aussi rentable pour la réduction des concentrations de cyanure libre. Entre

15 et 20 mol de sulfate de fer (II) sont nécessaires pour neutraliser 1 mol CN^- (Collins, 1989).

1.3.3.4 L'oxydation par le peroxyde d'hydrogène

Le peroxyde d'hydrogène ou eau oxygénée a été largement utilisé dans l'industrie pour la détoxification du cyanure, par exemple à la mine de Paradise Peak (Nevada, États-Unis). Le processus a l'avantage sur les techniques utilisant du chlore ou le dioxyde de soufre (sections suivantes) en ce qu'aucun ion étranger n'est introduit dans les solutions de traitement, sauf si un catalyseur est utilisé et la cinétique d'oxydation est suffisamment rapide pour qu'une oxydation efficace puisse généralement être réalisée en quelques minutes. Cependant, la détoxification des solutions à faibles concentrations en cyanure, généralement requise pour les effluents à décharger est coûteuse.

Le peroxyde d'hydrogène oxyde le cyanure libre en cyanate comme suit :

$$CN^- + H_2O_2 \leftrightarrow CNO^- + H_2O \qquad (26)$$

En solution alcaline, les autres complexes de cyanure *WAD* sont oxydés en cyanate et en hydroxyde métallique (Quamrul et *al.*, 1989 ; Griffiths et *al.*, 1987). La réaction prédominante avec le complexe de cyanure de cuivre est la suivante :

$$2Cu(CN)_3^{2-} + 7H_2O_2 + 2OH^- \leftrightarrow 6CNO^- + 2Cu(OH)_2 + 6H_2O \qquad (27)$$

La réaction d'oxydation des ions cyanure est accélérée présence de catalyseurs tels que les ions cuivre et le formaldéhyde. Par exemple, l'ajout d'une quantité aussi petite que 5 à 10 mg/*l* de formaldéhyde réduit le temps d'oxydation jusqu'à 40% (Mathre et DeVries, 1981).

L'efficacité de la destruction du cyanure par le peroxyde d'hydrogène a été démontrée à plusieurs reprises et il est bien connu que des solutions contenant 500 mg/*l* de cyanure *WAD*, ou plus, peuvent être réduites à moins de 2 mg/*l* dans des échelles de temps pratiques, par exemple de 1 à 2 h, par ajout de 75 à 125 mg/*l* d'eau oxygénée. La consommation de peroxyde d'hydrogène est estimée à environ 3 kg H_2O_2/kg CN^-.

1.3.3.5 L'oxydation par le dioxyde de soufre

Un mélange de dioxyde de soufre et d'air oxyde rapidement le cyanure libre et les complexes de cyanure *WAD* en solution aqueuse en présence d'ions Cu (II) comme catalyseur (Devuyst, Conard, et Hudson, 1984) :

$$CN^- + SO_2 + O_2 + H_2O \leftrightarrow CNO^- + H_2SO_4 \qquad (28)$$

Le pH optimal pour la réaction est 9, mais elle se déroulera quantitativement à pH entre 7,5 et 9,5. Le pourcentage volumique optimal du dioxyde de soufre dans l'air est de 1% à 2% ; mais jusqu'à 10%, l'oxydation se produit de manière satisfaisante. Le dioxyde de soufre peut être fourni sous forme gazeuse, liquide ou en brûlant du soufre élémentaire. Autres sources appropriées de dioxyde de soufre pour le procédé sont le métabisulfite de sodium ($Na_2S_2O_5$) et le sulfite de sodium (Na_2SO_3).

Le processus est généralement effectué en plusieurs étapes avec l'ajout de 30 à 90 g/t Cu^{2+} à la première étape, puis en injectant un mélange de dioxyde de soufre-air sous forme de bulle dans la solution. Il est également possible d'ajouter du métabisulfite de sodium et agiter avec de l'air. Les débits d'air d'environ 1 à 2 *l*/min par litre de solution sont maintenus. En pratique, 3 à 4 kg de dioxyde de soufre (SO_2), l'équivalent de 5 à 8 kg de $Na_2S_2O_5$ est requis par kilogramme de cyanure libre. La chaux est utilisée pour le contrôle du pH car les réactions d'oxydation génèrent de l'acide sulfurique (Zaidi et *al.* 1988).

Le procédé a été utilisé pour traiter des effluents d'usines de traitement de minerai d'or contenant plus de 200 mg/*l* de cyanure total qui ont été réduit à < 1 mg /*l* et parfois < 0,05 mg/*l*.

1.3.3.6 L'oxydation par l'hypochlorite ou chloration

Le chlore a été utilisé pour la destruction du cyanure dans les premiers jours de la cyanuration à la fin des années 1800. L'élément actif pour l'oxydation du cyanure libre par le chlore est l'ion hypochlorite (ClO^-) produit lorsque le chlore se dissout dans l'eau. Alternativement, des ions hypochlorite peuvent être produits en dissolvant des sels appropriés tels que l'hypochlorite de sodium ou de calcium dans l'eau.

Le cyanure libre réagit rapidement avec l'hypochlorite (OCl) en solution aqueuse pour former chlorure de cyanogène, également appelé gaz lacrymogène :

$$CN^- + H_2O + ClO^- \leftrightarrow CNCl\,(g) + 2OH^- \quad (29)$$

Le cyanure réagit rapidement également avec le chlore libre, comme suit :

$$CN^- + Cl_2 \leftrightarrow CNCl\,(g) + Cl^- \quad (30)$$

En pratique, une oxydation efficace du cyanure peut être obtenue en 10 à 15 min. Le taux de la réaction d'oxydation initiale dans l'équation (24) est réduite de manière significative si le pH est supérieur à 11. Pour cela, le processus d'oxydation est généralement effectué à pH entre 10 et 11 qui est suffisamment élevé pour éviter une formation importante de chlorure de cyanogène (Zaidi et Whittle, 1987).

Dans des conditions de chloration typiques, les complexes de cyanure *WAD* sont également oxydés. Les complexes de cyanure plus stables tels que ceux du fer, du cobalt et de l'or sont stables sous ces conditions d'oxydation et ne se dissocient pas. Les espèces de chlore et d'hypochlorite réagissent également avec un certain nombre d'autres espèces qui se trouvent fréquemment dans les effluents tels que les composés organiques, les sulfures et les thiocyanates. Si ces espèces sont présentes en grande quantité, elles peuvent entraîner des consommations de chlore très élevées, ce qui peut gravement affecter l'économie du processus. Des consommations de chlore d'environ 8 à 24 kg Cl_2/kg CN^- sont nécessaires dans la pratique.

1.3.3.7 L'oxydation biologique

Les processus de traitement biologique emploient une grande population d'espèces microbiennes (bactéries, champignons et algues) pour la destruction des contaminants organiques dans les effluents. Les bactéries convertissent les contaminants organiques solubles en énergie et autres sous-produits moins toxiques. De nombreuses espèces microbiennes et certaines plantes peuvent détoxifier le cyanure pour aboutir à des niveaux acceptables et en sous-produits moins nocifs (Akcil, 2003 ; Akcil et Mudder, 2003 ; Akcil et *al.*, 2003 ; Trapp et *al.*, 2003 ; Gurbuz et *al.*, 2004).

Au cours de ces dernières décennies, les processus de traitement biologique du cyanure sont devenus de plus en plus répandus dans l'industrie minière en raison de leur capacité à éliminer simultanément plusieurs contaminants, leur coût d'exploitation relativement faible et leur capacité à produire des effluents de haute qualité. Le processus est utilisé pour traiter la solution de décantation mais ne convient normalement pas comme procédé de traitement direct des résidus. Il existe plusieurs configurations possibles de traitement biologique. Le processus aérobique et anaérobique dans les lesquelles les espèces microbiennes sont soit en suspension (libres) ou soit liées à une matrice solide.

Dans le processus aérobique, le cyanure, le thiocyanate, le nitrite et l'ammoniac sont oxydés en nitrate, tandis que dans le processus anaérobique (ou anoxique), le nitrate et le nitrite sont éliminés sous forme d'azote gazeux. Avec les deux processus, l'élimination accidentelle des métaux peut se produire grâce à la sorption de la biomasse ou précipitation sous forme de carbonates, d'hydroxydes ou de sulfures métalliques. La réaction d'oxydation biologique du cyanure est se résume selon l'équation :

$$CN^- + \frac{1}{2}O_2 + 3H_2O \rightarrow HCO_3^- + NH_4^+ + OH^- \qquad (31)$$

Les complexes de cyanure métallique sont également oxydés et les métaux sont adsorbés, ingérés et précipités par les bactéries. Le taux de dégradation des complexes de cyanure métallique par ce mécanisme diminue dans l'ordre Zn > Ni > Cu > Fe, mais même les complexes de cyanure de fer très stables sont dégradés et adsorbés par les bactéries (Marsden et House 2006).

Les processus actifs et passifs de traitement biologique du cyanure sont devenus relativement répandus dans l'industrie minière en raison du succès du premier système installé à la mine de Homestake Lead aux États-Unis dans les années 80 (Mudder et *al.*, 2001). En effet, de nombreuses réactions obtenues par action biologique ne peuvent pas être reproduites par les autres processus chimiques aux taux accomplis par les micro-organismes. Pour cela, et parce que l'oxydation bactérienne est un processus naturel, les effluents traités biologiquement sont plus susceptibles d'être compatibles avec les sources d'eau dans lesquelles ils doivent être rejetés que les effluents produits par les autres processus décrits dans cette section. Telle a été l'expérience à l'usine de Homestake Lead : la dégradation biologique et l'adsorption par la biomasse élimine plus de 92% du cyanure total, 99% des espèces de cyanure *WAD* et plus de 95% du cuivre et autres métaux lourds toxiques.

2. LES TYPES DE DECHETS DANS LA PHASE DE FERMETURE

Le problème de la génération de DMA provenant de rejets miniers est considéré actuellement comme le principal problème environnemental lié à la fermeture des mines dans de nombreux pays et régions du globe.

Le DMA résulte de l'oxydation naturelle de minéraux sulfureux que l'on retrouve dans les matériaux rocheux exposés à l'air, à l'eau et à l'activité bactérienne. Les DMA sont caractérisés par un faible pH (acide), des concentrations élevées en métaux lourds (Fe, Al (aluminium), Mn (manganèse), Zn, Cu, Cd (cadmium), Pb, Co, Ni, As, etc.) et en sulfates solubles ainsi qu'une de solides dissous.

Pour restaurer les sites miniers on a généralement recours au remblaiement ou recouvrement simple avec compactage pour les sites ne présentant pas de risques de DMA (avec reboisement des zones impactées).

Lorsque des rejets sont identifiés comme potentiellement générateurs de DMA, la meilleure façon de limiter les impacts environnementaux à long terme consiste à prévenir la production du DMA. On entend par prévention les mesures qui visent à inhiber la réaction d'oxydation des sulfures à la source. Cela consiste à éliminer ou à réduire à des niveaux très faibles la présence d'air (ou d'oxygène), d'eau ou de sulfures.

Eau + Oxygène + Sulfures → DMA

La figure 31 illustre une méthode d'enfouissement de déchets solides potentiellement générateurs de DMA. Cette méthode permet l'inhibition de l'air (oxygène) et de l'eau par la superposition de plusieurs couches sur les matériaux sulfureux. L'image 12 est un exemple de site restauré en une retenue d'eau pour empêcher l'accès de l'oxygène aux déchets solides enfouis à la mine d'or de Louvicourt au Canada.

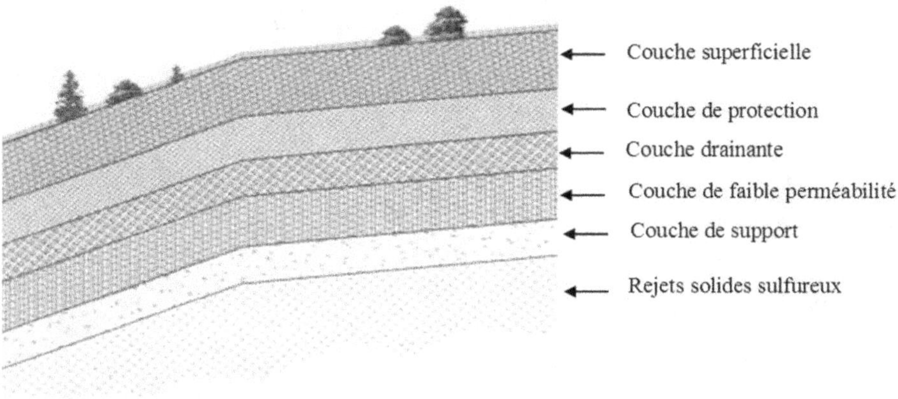

Figure 31. Inhibition d'eau et d'oxygène par recouvrement.

Image 12. Photo illustrative d'un site d'enfouissement de déchets solides susceptibles de générer du DMA, transformé en une retenue d'eau (Inhibition d'oxygène) ; [https://wikimemoires.net/wp-content/uploads/2019/11/methodes-de-prevention-et-de-gestion-du-drainage-minier-acide-11.jpg, 02/07/2020].

BIBLIOGRAPHIE

1. Akcil A., 2003. Destruction of cyanide in gold mill effluents: Biological versus chemical treatments. Biotechnol. Adv. 21, 501–510.

2. Akcil A., Karahan A., Ciftci H. et Sagdic O., 2003. Biological treatment of cyanide by natural isolated bacteria (Pseudomonas species). Miner. Eng. 16, 456–468.

3. Akcil A. et Mudder T., 2003. Microbial destruction of cyanide wastes in gold mining: Process review. Biotechnol. Lett. 25, 520–527.

4. Adams M. D., 2005. Advances in Gold Ore Processing. Elsevier B.V.

5. Adams M. D., 1991. Chemistry of adsorption and elution of gold on activated carbon, Recent developments in In-Pulp technology. The South African Institute of Mining and Metallurgy, pp. 1–64, (7–8 October).

6. Adams M. D. et A. M. Burger, 1998. Characterization and blinding of carbonaceous preg-robbers in gold ores. Minerals Engineering 11(10):912–927.

7. Afenya P. M., 1991. Treatment of carbonaceous refractory gold ores. Miner. Eng. 4(7–11), 1043–1055.

8. Aghamirian M. M. et Yen W. T., 2005. A Study of Gold Anodic Behavior in the Presence of Various Ions and Sulfide Menerals in cyanide Solution. Minerals Engineering Vol 18. pp. 89-102.

9. Ahmadiantehrani M., Hendrix J. L. et Ramadorai G., 1991. Hypochlorite pre-treatment in heap leaching of a low grade carbonaceous ore. Miner. Metall. Proc. 8, 27–31.

10. Alodan M. et Smyrl W., 1998. Effect of thiourea on copper dissolution and deposition. Electrochim. Acta 44, 299–309.

11. AMIRA P754 : Code of Practice for Metal Accounting.

12. Amankwah R. K., Ofori-Sarpong G. et Buah W. K., 2013. Metallurgical Plant Operations and Control, Mineral Engineering Department, University of Mines and Technology, 92 pp.

13. Atwood R. L. et R. H Atwood, 1985. Design Considerations for Merrill-Crowe Plants. Society of Mining Engineering of AIME. Preprint Number 85-353.

14. Bagotsky V. S., 2005. Fundamentals of Electrochemistry. The ECS Series of Texts and Monographs, Wiley, Hoboken, NJ, USA, 752 pp.

15. Barrick, 2004. Annual Report. Toronto, ON, Canada: Barrick.

16. Berezowsky, R. M. G. S. et D. R. Weir, 1989. Factors affecting the selection of pressure oxidation for the pretreatment of refractory gold ores. Proceedings of International Gold Expo. Chicago, IL: Engineering & Mining Journal.

17. Boshoff P., 1994. Cyanide-free AARL elutions are feasible. Minerals Engineering, vol.7, No.2, pp. 251-264.

18. Bouchard S., 2001. Traitement du minerai. Flottation. Méthodes physiques. Les éditions « Le Griffon d'argile ». ISBN : 2-89443-156-2.

19. Boyle, R. W., 1979. The geochemistry of gold and its deposits. Canada Geol. Survey Bull. 280.

20. Breuer P. L., Jeffrey M. I. & Hewitt D.M., 2008. Mechanisms of Sulfide Ion Oxidation during Cyanidation. Part I : The Effect of Lead (II) Ions. Minerals Engineering, Vol 21, pp. 579-586.

21. Brison R. J., Elmore, C.L. & Mitchell, P. (1989) Utilization of Oxygen in Leaching and/or Recovery Procedures Employing Carbon. United States Patent, Mar 28 1989, No 4,816,234.

22. Cashmore B. C. et Clark B., 1998. Bio-oxidation of Calaverite. CSIRO Report to KCGM, DRM-826.

23. Chen J., Li Y. et Zhao C., 2014. First principles study of the occurrence of gold in pyrite. Computational Materials Science, Vol. 88, pp. 1-6.

24. Chi G., M. C. Fuerstenau and J.O. Marsden. 1997. Study of Merrill–Crowe processing. Part I : Solubility of zinc in alkaline cyanide solution. International Journal of Mineral Processing 49:171–183.

25. Collins D. C., 1989. Reagent cost savings in tailings pond detoxification. Pages 155–158 in Proceedings Randol Gold Conference. Golden, CO: Randol International Ltd.

26. Dai X. et Jeffrey M. I., 2006. The Effect of Sulfide Minerals on the Leaching of Gold in Aerated Cyanide Solutions. Hydrometallurgy, Vol 82, pp. 118-125.

27. Davidson R. et Duncanson D., 1977. The elution of gold from activated carbon using deionised water. Journal of the South African Institute of Mining and Metallurgy, vol. 77, no. 12, pp. 254-226.

28. Davidson R. et Schmidt C., 1986. A review of the AARL process for the elution of gold from activated carbon. 13th CMMI Congress, vol. 4, pp. 215-225.

29. Davis A., Tran T. et Young D., 1992. Solution chemistry of iodide leaching of gold. Hydrometallurgy 32, 143–159.

30. Davis D. R. et D. B. Paterson, 1986. Practical implementation of low alkalinity pressure cyanidation leaching techniques for the recovery of gold from refractory flotation concentrates. Pages 591–604 in Gold 100: Proceedings of the International Conference on Gold. Volume 2. Edited by C.E. Fivaz. Johannesburg: South African Institute of Mining and Metallurgy.

31. Dziurdzak G., Kyle J. et Dunne R., 1989. The pressure aqueous pre-oxidation of a refractory gold ore from the Golden Mile, Kalgoorlie, Western Australia. In: Gold Forum on Technology and Practices – World Gold'89, Society for Mining, Metallurgy and Exploration, Inc., Littleton, Colorado, pp. 315–321.

32. de Andrade Lima L. R. P., 2007. Dynamic Simulation of the Carbon-in-Pulp and Carbon-in-Leach Processes. Brazilian Journal of Chemical Engineering, Vol 24, No 4, pp. 623-635.

33. de Andrade Lima L. R. P. et Hodouin, D., 2005. A Lumped Kinetic Model for Gold Ore Cyanidation. Hydrometallurg, Vol 79, pp. 121-137.

34. Deng T. L., Liao M. X., Wang M. H., Chen Y.-W. et Belzile N., 2001. Technical note: enhancement of gold extraction from biooxidation residues using an acidic sodium sulfitethiourea system. Miner. Eng. 14(2), 263–268.

35. Deschênes G. et *al.* 1998. Effect of the Composition of some Sulphide Minerals on Cyanidation and Use of Lead Nitrate and Oxygen to Alleviate their Impact. Hydrometallurgy, Vol 50, pp. 205-221.

36. Deschênes G. et *al.* (2000) Effect if Lead Nitrate on Cyanidation of Gold Ores : Progress on the Study of the Mechanisms. Minerals Engineering, Vol 13, No 12, pp. 1263-1279.

37. Deschênes G., Lacasse S. et Fulton M., 2003. Improvement of Cyanidation Practice at Goldcorp Red Lake Mine. Minerals Engineering, Vol 16, pp. 503-509.

38. Deschênes G., Putz A., 1995. The second survey of gold cyanidation plants. Division Report MMSL 95-14(CR), CANMET, Natural Resources Canada, Ottawa, Canada.

39. Diaz X., 2004. A preliminary mathematical model for the prediction of the evolution of mercury, ammonia and hydrogen from electrowinning cells in a gold-cyanide solution system. Ph.D. dissertation. Salt Lake City, UT: University of Utah.

40. Dorey R., D. Van Zyl et J. Kiel, 1988 ed. Overview of heap leaching Technology. In introduction to Evaluation, Design and Operation of Precious Metal Heap Leaching Projects. Chapter 1.

41. Dunne R., Buda K., Hill M., Staunton W., Wardell - Johnson G. et Tjandrawan V., 2012. Assessment of options for economic processing of preg-robbing gold ores. World Gold 2007, Vol. 121, pp. 217-223.

42. Ellis S. et Senanayake G., 2004. The Effects of Dissolved Oxygen and Cyanide Dosage on Gold Extraction from a Pyrrhotite-Rich Ore. Hydrometallurgy, Vol 72, pp. 39-50.

43. Enzweiler J. et Joekes I., 1991. Adsorption of colloidal gold on colloidal iron oxides. Journal of Geochemical Exploration, Vol. 40, pp. 133-142.

44. Fernandez R. R., Sohn H. Y. et LeVier, K. M., 2000. Process for treating refractory gold ores by roasting under oxidizing conditions. Miner. Metall. Proc. 17(1), 1–6.

45. Fleming C. A., 1992. Hydrometallurgy of Precious Metals Recovery. Hydrometallurgy, Vol 30, pp. 127-162.

46. Fleming C.A. et G. Cromberge, 1984. The extraction of gold from cyanide solutions by strong and weak base anion exchange resins. Journal of South African Institute of Mining and Metallurgy 84(5):125–137.

47. Free M. L., 2013. Hydrometallurgy : Fundamentals and applications. John Wiley and Sons.

48. Gallagher N. P., Hentrix J. L., Molisavljevic E. B. et Nelson J. H., 1989. Affinity of carbon for gold complexes: dissolution of finely disseminated gold using a flow electrochemical cell. J. Electrochem. Soc. 136, 2546–2551.

49. Gallagher N. P., Hentrix J. L., Molisavljevic E. B., Nelson J. H., 1990. Affinity of activated carbon towards some gold (I) complexes. Hydrometallurgy 25, 305–316.

50. Garrels R. M. et C. L. Christ, 1965. Solutions, Minerals and Equilibria. New York: Harper & Row.

51. Gray A. H., 2000. Intensive Cyanidation and Its Implication for the Definition of Gravity Recoverable Gold. Randol Gold & Silver Forum, Vancouver.

52. Green B. R., Kotze M. H. et Wyethe J. P., 2002. Developments in ion exchange: the Mintek perspective. JOM 54(10), 37–43.

53. Greffié C., Benedetti M. F., Parron C. et Amouric M., 1996. Gold and iron oxide associations under supergene conditions: An experimental approach. Geochimica et Cosmochimica Acta, Vol. 60, pp. 1531-1542.

54. Griffiths A. W. et G. Vickell, 1989. Treatment of gold mill effluents with H_2O_2, operating experience and costs. Paper presented at 21st Canadian Minerals Processors Conference, Ottawa, ON, Canada, January 17–19.

55. Griffiths A., H. Knorre S. Gos et R. Higgins, 1987. The detoxification of gold mill tailings with hydrogen peroxide. Journal of the South African Institute of Mining and Metallurgy 87(9):279–283.

56. Guo H., G. Deschenes, A. Pratt, M. Fulton et R. Lastra, 2005. Leaching kinetics and mechanisms during cyanidation of gold in

the presence of pyrite or stibnite. Mineral & Metallurgical Processing Journal 22(2):89–95.

57. Gurbuz F., Ciftci H., Akcil A. et Karahan A., 2004. Microbial detoxification of cyanide solutions: A new biotechnological approach using algae. Hydrometallurgy 72, 167–176.

58. Hazen W.C., 1957. Method for eluting adsorbed complex cyanides of gold and silver. U.S. Patent 2,810,638.

59. Henley K. J., 1975. Gold ore mineralogy and its relation to metallurgical treatment. Mineral Sc. and Eng. 17(4) : 289-312.

60. Ibragimova R. I., Mil'chenko A. I. et Vorob'ev-Desyatovskii N. V., 2007. Criteria for Choice of a Brand of Activated Carbon for Hydrometallurgical Recovery of Gold from Ore Pulps in Carbon-in-Leaching and Carbon-in-Pulp Processes. Russian Journal of Applied Chemistry, Vol 80, No 6, pp. 891-903.

61. Ji J., Fleming C., West-Sells P. G. et Hackl R. P., 2003. A novel thiosulfate system for leaching gold without the use of copper and ammonia. In: Young C. A., Alfantazi A. M., Anderson C. G., Dreisinger D. B., Harris B., James, A. (Eds.), Hydrometallurgy 2003, vol. 1–Leaching and Solution Purification. TMS, Warrendale, pp. 227–244.

62. Kenna C. et Moritz P., 1991. The extraction of gold from bioleached pyrite using novel thiourea leaching technology. World Gold'91. Australasian Institute of Mining and Metallurgy, Melbourne, pp. 133–137.

63. Kirk D. W. et F. R. Foulkes, 1984. A potentiometric study of metals affecting precious metal recovery from alkaline cyanide solutions. Journal of the Electrochemical Society: Electrochemical Science and Technology (April):760–769.

64. Kondos P. D., Deschênes G. et Morrison R. M., 1995. Process Optimization Studies in Gold Cyanidation. Hydrometallurgy, Vol 39, pp. 235-250.

65. Kyle J. H., Breuer P. L., Bunney K. G. et Pleysier R., 2012. Review of trace toxic elements (Pb, Cd, Hg, As, Sb, Bi, Se, Te) and their deportment in gold processing: Part II: Deportment in gold ore processing by cyanidation. Hydrometallurgy, Vol. 111–112, pp. 10-21.

66. La Brooy S. R., Linge H. G. et Walker, G. S., 1994. Review of gold extraction from ores. Minerals Engineering 7(10), 1213–1242.

67. Lacoste-Bouchet P., Deschênes G. et Ghali E., 1998. Thiourea leaching of a copper-gold ore using statistical design. Hydrometallurgy 47, 189–203.

68. Lakshmanan V. I. et P. D. Tackaberry,1990. A review on the application of ion exchange technology for gold recovery. Pages 257–262 in Advances in Gold and Silver Processing: Proceedings of GOLDTech 4 Symposium. Edited by M.C. Fuerstenau. New York: American Institute of Mining, Metallurgical, and Petroleum Engineers.

69. Leblanc R., 1942. Precipitation of gold from cyanide solution by zinc dust. Canadian Mining Journal 63 (three parts: April, May, and June).

70. Lewis G. V., 2000. The Penjom Process: An innovative approach to extracting gold from carbonaceous ore. Pages 163–168 in Proceedings Randol Gold and Silver Forum 2000. Golden, CO: Randol International Ltd.

71. Lewis G. V., 1999. Increased recovery from preg-robbing gold ore at Penjom gold mine. Pages 105–108 in Proceedings Randol Gold and Silver Forum 1999. Golden, CO: Randol International Ltd.

72. Li J., Miller, J. D., Wan R. Y. et LeVier M., 1995. The ammoniacal thiosulfate system for precious metal recovery. In: Proceedings of the XIX International Mineral Processing

Congress 1995, vol. 4. Society for Mining, Metallurgy and Exploration, Littleton, Colorado, pp. 37–42.

73. Licopodium, 2015. Organigramme proposé pour le processus de production de l'or dans le l'Etude d'Impact Environnemental et Social. Chapitre 4 : Description du Projet.

74. Lui G. Q. et Yen W.T., 1995. Effects of Sulphide Minerals and Dissolved Oxygen on the Gold and Silver Dissolution in Cyanide Solution. Minerals Engineering, Vol 8, pp. 111-123.

75. Liddell K .S., 1989. Applications of ultra-fine milling and attrition reactor in the treatment of refractory gold ores. Pages 109–113 in Proceedings of Randol Gold Forum. Golden, CO: Randol International Ltd.

76. Ling P. et *al.*, 1996. An Improved Rate Equation for Cyanidation of a Gold Ore. Canadian Metallurgical Quarterly, Vol 35, No 3, pp. 225-234.

77. Longley R. J., McCallum A. et Katsikaros N., 2003. Intensive Cyanidation : Onsite Application of the InLine Leach Reactor to Gravity Gold Concentrates. Minerals Engineering, Vol 16, pp. 411-419.

78. Major K. W. et P. G. Semple, 1990. Design and operating considerations for the application of a dry grinding and roasting circuit for refractory gold ore. Pages 175–184 in Randol Gold Forum'90. Golden, CO: Randol International Ltd.

79. Mathre O. B. et F.W. DeVries. 1981. Destruction of cyanide in gold and silver mine process water. Proceedings AIME Annual Meeting. New York: American Institute of Mining, Metallurgical, and Petroleum Engineers.

80. Marsden J. et House I., 1992. The Chemistry of Gold Extraction. West Sussex, England : Ellis Horwood.

81. Marsden J. et House I., 2006. The chemistry of gold extraction. Society for Mining, Metallurgy, and Exploration, Inc.

82. Maycock A. R., W. Nahas et T. C. Watson, 1990. Review of the design and operation of roasters for refractory gold bearing materials. Pages 389–396 in Proceedings of Gold 1990 Symposium. Edited by D. M. Hausen, D. N. Halbe, E. U. Petersen and W. J. Tafuri. Littleton, CO: SME.

83. McDougall G., 1985. Recovery of Gold and/or Silver from Cyanide Leach Liquors on Activated Carbon. United States Patent, Jul 9 1985, No. 4,528,166.

84. McDougall G. et Fleming C., 1987. In ion exchange and sorption processes in hydrometallurgy. Society of chemistry and industry. Wiley, Chichester, pp. 56- 126.

85. McKibben M. A., 2005. Gold. Encyclopedia of Geology, R.C. Selley, L.R.M. Cocks and I.R. Plimer (Eds.). Elsevier Ltd, Oxford, OX5 1GB, UK, pp. 118 - 127.

86. McNulty T., 2001. Cyanide substitutes. Mining Magazine May, 256–261.

87. McQuiston Jr., F. W. et R. S. Shoemaker, 1975. Gold and Silver Cyanidation Plant Practice. Vol. I, S.M.E.-A.I.M.E., New York.

88. Menne D., 1986. The direct smelting of doré-loaded steel wool cathodes. Pages 4839–4852 in Gold & Silver Recovery Innovations, Phase III. Golden, CO: Randol International Ltd.

89. Menne D., 2003. Gold preg-robbing by graphite [Carlin-type graphitic or carbonaceous ore] and ligand robbing.

90. Metalliferous Mining-Processing, Cyclones Resource Book.

91. Metalliferous Mining-Processing, Leaching and Adsorption Resource Book.

92. Miller P. C., F. Jiao et J. Wang, 2004. The bacterial oxidation (BACOX) plant at Laizhou Shandong Province China-the first three years of operation. Pages 167–171 in Proceedings of Bac-Min Conference. Carlton, Victoria, Australia: Australasian Institute of Mining and Metallurgy.

93. Mohammadnejad S., Provis J. L. et van Deventer J. S. J., 2013. Reduction of gold(III) chloride to gold(0) on silicate surfaces. Journal of Colloid and Interface Science, Vol. 389, pp. 252-259.

94. Mudder T. I., Botz M. M., 2001a. A global perspective of cyanide. In: Mudder, T.I., Botz, M. M. (Eds.), The Cyanide Monograph. Mining Journal Books Limited, London.

95. Mudder, T. I., Botz, M. M., 2001b. An overview of water treatment methods for thiocyanate removal. In: Mudder, T.I., Botz, M.M. (Eds.), The Cyanide Monograph. Mining Journal Books Limited, London.

96. Mular A. L, D. N. Halbe et D. J. Barrett, 2002. ed. Mineral processing plant design, practise and control. Littleton, Colorado : Society of mining, metallurgy and exploration Inc.

97. Munoz G. A. et Miller J. D., 2000. Non-cyanide leaching of an auriferous pyrite ore from Ecuador. Miner. Metall. Proc. 17(3), 198–204.

98. Nicol M. J., E. Schalch, P. Balestra et H. Hedegus. 1979. A modern study of the kinetics and mechanism of the cementation of gold. Journal of South African Institute of Mining and Metallurgy (February):191–198.

99. Palmer R. G., 1986. Ion exchange research in precious metals recovery. Pages 2–9 in Proceedings of Precious Metal Recovery from Low Grade Resources. Washington, D.C.: U.S. Bureau of Mines.

100. Parga J. R., Valenzuela J. L. et Francisco C. T., 2007. Pressure Cyanide Leaching for Precious Metals Recovery. Aqueous Processing, Oct 2007.

101. Parga J. R., R. Y. Wan, et J. D. Miller, 1988. Zinc dust cementation of silver from alkaline cyanide solutions—analysis of Merrill–Crowe plant data. Minerals and Metallurgical Processing Journal 5:170–176.

102. Paul R. L., A. O. Filmer et M. J. Nicol, 1983. The recovery of gold from concentrated aurocyanide solutions. Pages 689–704 in Proceedings of 3rd International Symposium on Hydrometallurgy : Hydrometallurgy Research, Development and Plant Practice. Edited by K. Osseo-Asare and J.D. Miller. Warrendale, PA: TMS.

103. Paul R. L. et D. Howarth, 1986. Cementation of gold onto zinc from concentrated aurocyanide electrolytes. Pages 157–172 in Gold 100 : Proceedings of the International Conference on Gold : Volume 2. Edited by C. E. Fivaz. Johannesburg: South African Institute of Mining and Metallurgy.

104. Pesic B. et Sergent R. H., 1992. Dissolution of gold with bromine from refractory ores preoxidized by pressure oxidation. In : Hager J. (Ed.), Proceedings, EDP '92 Congress. The Minerals, Metals and Materials Society, Warrendale, PA, USA, pp. 99–114.

105. Petre C. F., Azizi A., Olsen C., Baçaoui A. et Larachi F., 2008. Capillary electrophoretic analysis of sulfur and cyanicides speciation during cyanidation of gold complex sulfidic ores. Journal of Separation Science, Vol. 31, pp. 3902-3910.

106. Pieterse H. J. H., K. G. Thomas, R. A. Williams, C. E. Semler et R. R. Pierce, 1993. Barrick Goldstrike pressure oxidation linings. Pages 189–195 in Proceedings Randol Gold Forum. Golden, CO: Randol International Ltd.

107. Quamrul A. M., A. W. Griffiths et E. P. Jucevic, 1989. Detoxification of spent heaps with hydrogen peroxide. Pages 270–272 in Proceedings AIME World Gold 1989 Conference. New York : American Institute of Mining, Metallurgical, and Petroleum Engineers.

108. Rees K. L. et van Deventer J. S. J., 2000. Preg-Robbing Phenomena in the Cyanidation of Sulphide Ores. Hydrometallurgy, Vol 58, pp. 61-80.

109. Saunders J. A., 1990. Colloidal transport of gold and silica in epithermal precious-metal systems: Evidence from the Sleeper deposit, Nevada", Geology, Vol. 18, pp. 757-760.

110. Scheiner B. J., 1987. Relation of mineralogy to treatment methods for carbonaceous gold ores. Presented at the SME Annual Meeting, February 24–27, Denver, Preprint Number 87-96.

111. Schmitz P. A., Duyvesteyn S., Johnson W. P., Enloe L. et McMullen J., 2001a. Ammoniacal thiosulfate and sodium cyanide leaching of preg-robbing Goldstrike ore carbonaceous matter. Hydrometallurgy 60, 25–40.

112. Schmitz P. A., Duyvesteyn S., Johnson W. P., Enloe L. et McMullen J., 2001b. Adsorption of aurocyanide complexes onto carbonaceous matter from preg-robbing Goldstrike ore. Hydrometallurgy 61, 121–135.

113. Society of Mining, Metallurgy, and Exploration, Littleton, Colorado, 4pp.

114. Sergent R. H., Dagar A., Shin C. C. et Reid, K. J., 1992. A comparison of bromine and cyanide for refractory gold concentrate. In : Torma A. E., Gundlier H. I. H. (Eds.), Precious and Rare Metal Technologies. Elsevier, New York, pp. 149–162.

115. Shoemaker R. S. et F. W. DeVries, 1986. Cyanide, precious metal leaching and the environment. Paper presented at American Mining Congress, Las Vegas, Nevada, October 9.

116. Sibrell P. L., 1991. The characterization and treatment of Carlin trend carbonaceous gold ores. Ph.D. Thesis, University of Utah, Salt Lake City, 168pp.

117. Sibrell, P. L., Miller, J.D., 1991. The search for adsorbed gold cyanide on carbon surface. In: World Gold '91. The Australasian Institute of Mining and Metallurgy, Melbourne, pp. 21–25.

118. Sheerin, C.H., R.A. Smith, and M.G. Eiselein, 1990. Effect of mercury on the Merrill–Crowe process at FMC Gold's Paradise Peak mine. In Proceedings Gold Symposium. New York: American Institute of Mining, Metallurgical, and Petroleum Engineers.

119. Smith I., Hinchliffe W., Hosking J. W. et Muir D. M., 1984. Fouling studies on CIP carbons and prospects for gold recovery using ion exchange resins. WAMPRI Report No. 5, Western Australia. MERIWA, Perth.

120. Smith E., 1986. Metallurgy and mineral processing plant at St. Joe's El Indio mine in Chile. Minerals Engineering (October):26–29.

121. Soleimani M. et Kaghazchi T., 2008. Gold recovery from loaded activated carbon using different solvents. Journal of the Chinese Institute of Chemical Engineers, 39(1): 9-11.

122. Sparrow G. J. et Woodcock J. T., 1995. Cyanide and other lixiviant leaching systems for gold with some practical applications. Min. Proc. Extr. Metall. Rev. 14, 193–247.

123. Stange W., 1999. The Process Design of Gold Leaching and Carbon-in-Pulp Circuits. The Journal of the South Africa Institute of Mining and Metallurgy.

124. Stenebraten J. F., 1998. Characterization of Goldstrike Ore Carbonaceous Matter. M.Sc Thesis, University of Utah, Salt Lake City, 75pp.

125. Tafuri W. J., 1987. Geology and geochemistry of the Mercur mining district, Toole County, Utah. Ph.D. Thesis, University of Utah, Salt Lake City, 180pp.

126. Thomas K. G., 1994. Research, Engineering Design and Operation of a Pressure Hydrometallurgical Facility for Gold Extraction. Den Haag, Netherlands: CIP Gegevens Koninkluke Bibliotheek.

127. Tran T., Lee K. et Fernando K., 2001. Halide as an alternative lixiviant for gold processing – an update. In : Young C. A., Twidwell, L. G., Anderson, C. G. (Eds.), Cyanide: Social, Industrial and Economic Aspects. The Minerals, Metals and Materials Society, Warrendale, PA, USA, pp. 501–508.

128. Trapp S., Larsen M., Pirandello A. et Danquah-Boakye J., 2003. Feasibility of cyanide elimination using plants. Eur. J. Miner. Proc. Environ. Prot. 3, 128–137.

129. Tremblay L., Deschênes G., Ghali E. McMullen, J. et Lanouette, M., 1996. Gold recovery from a sulfide bearing gold ore by percolation leaching with thiourea. Int. J. Min. Proc. 48, 225–244. van Deventer, J. S. J., Lorenzen, L., Lukey, G.C. et Shallcross, D.C., 1990. Electrochemical interactions between gold and its associated minerals during thiourea leaching. Hydrometallurgy 28, 22–34.

130. Ubaldini S., Fornari P., Massidda R. et Abbruzzese C., 1998. An innovative thiourea gold leaching process. Hydrometallurgy 48, 113–124.

131. Ubaldini S., F. Veglio, P. Fornari et C. Abbruzzese, 2000. Process flow sheet for gold and antimony recovery from stibnite. Hydrometallurgy 57:187–199.

132. Van Deventer J. S. F., Van der Merwe P. et Lorenzen L., 1992. The role of cyanide in the elution of gold from activated carbon. International Conference on Extractive Metallurgy of Gold and Base Metals, Australia Institute of Mining and Metallurgy, Parkville, Vic., Australia, pp.129-135.

133. Van Deventer J. S. J. et Van der Merwe P. F., 1994. Factors affecting the elution of gold cyanide from activated carbon. Minerals Engineering 7(1): 71-86.

134. Van Deventer J., Van der Merwe P. et Lorenzen L., 1992. The role of cyanide in the elution of gold from activated carbon. International Conference on Extractive Metallurgy of Gold and Base Metals, Australia Institute of Mining and Metallurgy, Parkville, Vic., Australia, pp.129-135.

135. Vegter N. M., 1992. The Distribution of Gold in Activated Carbon during. Adsorption from Cyanide Solutions. Hydrometallurgy, Vol 30, pp. 229-242.

136. Wan R. Y. et LeVier K.M., 2003. Solution chemistry factors for gold thiosulfate heap leaching. Int. J. Min. Process. 72, 311–322.

137. Wan R. Y. et Miller J. D., 1990. Research and development activities for the recovery of gold from alkaline cyanide solutions. Miner. Process. Extractive Metall. Rev. 6, 143–190.

138. Wan R. Y., LeVier K. M., Miller J. D., 1993. Research and development activities for the recovery of gold from noncyanide solutions. In: Wadsworth Symposium. Hydrometallurgy: Fundamentals, Technology and Innovation. Society of Mining, Metallurgy, and Exploration, Littleton, Colorado, pp. 415–436.

139. Wan R. Y., LeVier K. M. et Clayston R. B., 1994. A hydrometallurgical process for the recovery of precious metals from ores. U.S. Pat. 05354359.

140. Waroonkarn Srithammavut, 2008. Modeling of Gold Cyanidation. Master of Science (Technology) Thesis. Lappeenranta University of Technology.

141. Wyllie R. J. M., 1988. El Indio. Engineering and Mining Journal (March):34–41.

142. Yalcin M. et Arol A. I., 2002. Gold Cyanide Adsorption Characteristics of Activated Carbon of Non-Coconut Shell Origin. Hydrometallurgy, Vol 63, pp. 201-206.

143. Yan D. S. et Hariyasa, 1996. Selective flotation of pyrite and gold tellurides. In: Minerals Engineering'96, Brisbane, Australia, pp. 327–337.

144. Zadra J. B., Engel A. K. et Heinen H. J., 1950. A Process for Recovery of Gold from Activated Carbon by Leaching and Electrolysis. US Bur. Mines. Rep.Invest. no. 4672.

145. Zaidi A., L. Whittle, T. Constable et S. Sawell, 1988. Evaluation of Inco's SO_2/Air Process for the Removal of Cyanide and Associated Metals from Gold Milling Effluents at McBean Mine. Report of Wastewater Technology Center. Burlington, ON, Canada: Environment Canada.

146. Zaidi A. et L. Whittle, 1987. Evaluation of the Full Scale Alkaline Chlorination Treatment Plant at Giant Yellowknife Mines Ltd. Report of Wastewater Technology Center. Burlington, ON, Canada : Environment Canada.

147. Zhang S. et Nicol M. J., 2003. An electrochemical study of the dissolution of gold in thiosulfate solutions. Part I – Alkaline solutions. J. Appl. Electrochem. 33, 767–775.

148. Zhang Y. et *al.*, 2009. Processing options for gold-tellurides. World Congress of Chemical Engineering, The Canadian Society for Chemical Engineers, Montreal, Quebec, pp. 7.

ANNEXE

UNITES DE MESURE

%	pourcentage
Å	angström
atm	atmosphère
BV/h	*Bed* volumes par heure
°C	Degré Celsius
cm	centimètre
g	gramme
g/t	gramme par tonne
g/mol	gramme par mole
g/cm^3	gramme par centimètre cube
h	heure
kg	kilogramme
kg/t	kilogramme par tonne
kg/m^3	kilogramme par mètre cube
kg/h	kilogramme par heure
kPa	kilopascal
l	liter
M	molarité ou mole par litre (mol/*l*)
m	mètre
min	minute
min^{-1}	par minute
m^3/h	mètre cube par heure
mg	milligramme
mg/kg	milligramme par kilogramme
mg/*l*	milligramme par litre
mm	millimètre
mol	mole

N	normalité
MPa	mégapascal
µg	microgramme
µm	micromètre
nm	nanomètre
oz t	once troy (31,103 g), différent de l'once standard (1 oz = 28,349 g)
pm	picomètre (10^{-12} m)
ppm	parties par million
pH	potentiel hydrogène
psi	livre-force par pouce carré, parfois appelé livre par pouce carré
t	tonne
V	volt
W	watt

TABLE DES MATIÈRES

Structures éditoriales du groupe L'Harmattan

L'Harmattan Italie
Via degli Artisti, 15
10124 Torino
harmattan.italia@gmail.com

L'Harmattan Hongrie
Kossuth l. u. 14-16.
1053 Budapest
harmattan@harmattan.hu

L'Harmattan Sénégal
10 VDN en face Mermoz
BP 45034 Dakar-Fann
senharmattan@gmail.com

L'Harmattan Cameroun
TSINGA/FECAFOOT
BP 11486 Yaoundé
inkoukam@gmail.com

L'Harmattan Burkina Faso
Achille Somé – tengnule@hotmail.fr

L'Harmattan Guinée
Almamya, rue KA 028 OKB Agency
BP 3470 Conakry
harmattanguinee@yahoo.fr

L'Harmattan RDC
185, avenue Nyangwe
Commune de Lingwala – Kinshasa
matangilamusadila@yahoo.fr

L'Harmattan Congo
67, boulevard Denis-Sassou-N'Guesso
BP 2874 Brazzaville
harmattan.congo@yahoo.fr

L'Harmattan Mali
Sirakoro-Meguetana V31
Bamako
syllaka@yahoo.fr

L'Harmattan Togo
Djidjole – Lomé
Maison Amela
face EPP BATOME
ddamela@aol.com

L'Harmattan Côte d'Ivoire
Résidence Karl – Cité des Arts
Abidjan-Cocody
03 BP 1588 Abidjan
espace_harmattan.ci@hotmail.fr

L'Harmattan Algérie
22, rue Moulay-Mohamed
31000 Oran
info2@harmattan-algerie.com

L'Harmattan Maroc
5, rue Ferrane-Kouicha, Talaâ-Elkbira
Chrableyine, Fès-Médine
30000 Fès
harmattan.maroc@gmail.com

Nos librairies en France

Librairie internationale
16, rue des Écoles – 75005 Paris
librairie.internationale@harmattan.fr
01 40 46 79 11
www.librairieharmattan.com

Librairie l'Espace Harmattan
21 bis, rue des Écoles – 75005 Paris
librairie.espace@harmattan.fr
01 43 29 49 42

Lib. sciences humaines & histoire
21, rue des Écoles – 75005 Paris
librairie.sh@harmattan.fr
01 46 34 13 71
www.librairieharmattansh.com

Lib. Méditerranée & Moyen-Orient
7, rue des Carmes – 75005 Paris
librairie.mediterranee@harmattan.fr
01 43 29 71 15

Librairie Le Lucernaire
53, rue Notre-Dame-des-Champs – 75006 Paris
librairie@lucernaire.fr
01 42 22 67 13

www.ingramcontent.com/pod-product-compliance
Lightning Source LLC
LaVergne TN
LVHW011022061026
849535LV00006B/2014